不動産投資リカバリーの実戦的方法

株式会社リテラス　代表取締役
細田法人 著

とりい書房

はじめに

不動産投資で失敗する人の典型例をご存じですか？
明らかにうまくいかない人には、以下の４つのケースがあります。

✓土地付きの狭小新築アパートを買った人
✓サブリース物件を買った人
✓三為業者から買った人
✓アパートメーカーで新築を建てた人

これらの人は「絶対に失敗する」と言い切れないものの、基本的に失敗する可能性が高いです。

さて、失敗とは何を指すのでしょうか。ありがちなことでいえば、「想定していた家賃が得られない」「想定外の出費がある」などが挙げられます。

その結果、購入前に見込んでいた利益が得られないケースが散見されます。そもそも業者から渡された、あきらかに現実にそぐわない収支シミュレーションを信じ込んでいたのなら、それは危険すぎます。

とはいえ、思ったより儲からないということであれば、まだプラスの状況です。それが、完全にマイナスになってしまえば、常に怪我をして血を流し続ける状態といえるでしょう。

私が定義する失敗とは、このように「そのままにしていたら破綻しかねない状況」を指しています。

失敗の大きさでいえば、マイナスへのなりやすさでは新築ワンルームですが、一棟物件のほうが物件の規模はもちろん、物件価格も融資額も大きくなります。

そうなると、新築ワンルームよりは新築アパートになり、スルガ銀行の不正融資を受けて購入した新築シェアハウス・割高な中古一棟物件ともなれば、一棟が1億円単位となり、それを複数棟買っている人も珍しくありません。これはもう地獄です。

本書を読んでくださっている人の多くは、あまり儲からない、もしくはまったく儲からない中古物件もしくは築浅、新築で買っているのではないでしょうか。

そして、「想定していたよりも利益が少ない」。場合によっては「収支がマイナスになっている」、そんな人もいるかもしれません。

本書はそうした失敗の不動産投資を行ってしまった人に対して、リカバリーの方法を解説しています。

具体的にいえば、悪質な業者から割高な物件を買わされてしまった人。その多くはスルガ銀行から融資を受けています。本書は、このいわゆる〝スルガスキーム被害者のサラリーマン投資家〟に向けて執筆しました。

たとえ今は儲かっていなくても、家賃を上げて稼働率を上げることができれば、収支は改善します。

そして、複数棟所有されている人なら、おそらく他の物件の稼働率も上げられるはずです。大変なのは未経験からの一歩で、一度経験したことを繰り返すのはそこまで難しくありません。

スルガスキームで物件を買ってしまったことは、たしかに失敗である可能性が高いですが、しっかりとリカバリーできるならば、それは相当に強い武器です。普通の人の10倍くらいのスキルを持ったことにもなります。

失敗を乗り越えた人のほうが、何もない人よりも成功に近づけるものです。

本来、ルールを守って行えば、基本的に成功できるのが不動産投資の魅力です。だからこそ、一度知識武装をして、そこに行動力が伴えば、買い進めることも可能ですし利益も大きくできます。

不動産投資は「不労所得を得られる手段」として注目されています。努力やセンスも必要な部分はあるものの、不労所得という側面を完全否定するつもりはありません。

しかし本来、不動産投資は衣食住の「住」を司る部分であり、住まいの提供を通して入居者の人生の一部に関わっていることを忘れてはいけません。ですから、単に「お金儲けの手段」ではなく、社会貢献という意味でも価値のある投資手法といえます。

そうした素晴らしい投資である反面、前述したように心ない悪徳な業者が存在し、実際に不良物件を掴まされて多くの投資家が被害に遭っています。

私は、このような人たちを一人でも多く救い、そのうえで不動産投資の本当の魅力をわかってもらいたいと思っています。

不動産投資で失敗して「もうダメだ」と絶望している方はもちろん、漠然と不安を抱えている方、これまで失敗の自覚がなかったけれど、「もしかして失敗をしているのかも……」と心配されている方、ぜひ、本書を読み進めてください。

本書が不動産投資で躓《つまず》いている方のお役に少しでも立てれば、こんなに嬉しいことはありません。

もくじ

序章

第1章 現状把握

第2章 「成功大家さん」と「失敗大家さん」の決定的な違い

第3章　失敗投資の解決策「稼働率・家賃」をあげろ！

第4章 スルガ物件の出口戦略

第5章 サラリーマン投資家が知っておきたい不動産経営の税知識

第6章　今後の不動産投資を考える

コラム

序章

「墓場のスルガ」で苦しむサラリーマン投資家たち

2018年に世間を騒がせた「スルガショック」（スルガ銀行不正融資問題）は、数多くのサラリーマン投資家に深い傷を残しました。

販売や運営を行っていた不動産会社スマートデイズが破綻した新築シェアハウス「かぼちゃの馬車」問題では、令和の徳政令（詳細は88ページ参照）によって被害オーナーは救われましたが、スルガショックによる影響は「かぼちゃの馬車」だけではありません。

というのも、シェアハウス以外での失敗も数多くあるからです。いまだ血を流し続けている人が存在しています。

スルガ銀行が不正な手法で融資を行った「かぼちゃの馬車」は東京23区でしたが、アパートやマンションを1棟丸ごと購入したケースでは日本全国が対象です。その多くが都市部ではなくて地方物件であり、都市部の場合は狭小の新築木造アパートに融資するケースも見られます（詳細は86ページ参照）。

今年の5月には、多額の借金を抱え返済できなくなっている人が多数いるということで、弁護士約50人による「スルガ銀行不正融資被害弁護団」が結成されてニュースになっています。「かぼちゃの馬車」オーナーほど切羽詰まった破綻予備軍はいませんが、スルガ銀行で融資を受けたあげく、厳しい状況に立たされているオーナーはたくさんいます。

「かぼちゃの馬車」や「地方の中古一棟物件」が活発に販売されていた２０１６〜２０１７年当時は、スルガ銀行のみならず、多くの金融機関の融資の扉が開いていました。いわゆる「融資がジャブジャブ出る時代」です。

その背景にはアベノミクス「三本の矢」の一本であった金融緩和があります。日銀の黒田東彦総裁のもと、異次元緩和が行われ、さらには２０１６年からのマイナス金利政策が、行き過ぎた不動産投資への融資を生んだ理由となっています。

本来、不動産投資は「投資」と名はついているものの、不動産賃貸事業であり、その融資は事業融資です。

しかし、属性さえ満たせば、ド素人のサラリーマンであっても簡単に数千万~億単位の物件に融資がついて購入することができました。むしろ、住宅ローンのような商品が多いため、サラリーマンのほうが融資に有利だったといえます。

結果、サラリーマンの不動産投資ブームが起こりました。

とにかく融資さえ付けば物件が売れるのですから、首都圏から地方主要都市のみならず、マイナーな都市であっても、中古物件が飛ぶように売れていました。

利回り10%でも供給が足りず、11%以上になると一斉に買い付けが入り、見学すらできない状況でした。仮に見に行っても、入居中のため部屋の中を見ることはできません。ピーク時には地方であっても利回り8%程度の取引がされていました。

このように深く考えずに不動産会社の営業マンの言いなりになって買わされているケースが多かったものの、皆、融資の出方が異常なのはわかっていて、「1円も使わずにローンを引ける今のうちに買っておくべきだ」と考えている部分も否めません。

そのため現在、賃貸経営で失敗している人は全員が純然たる被害者ではなく、オーナーの自己責任という側面もかなり強いと思います。

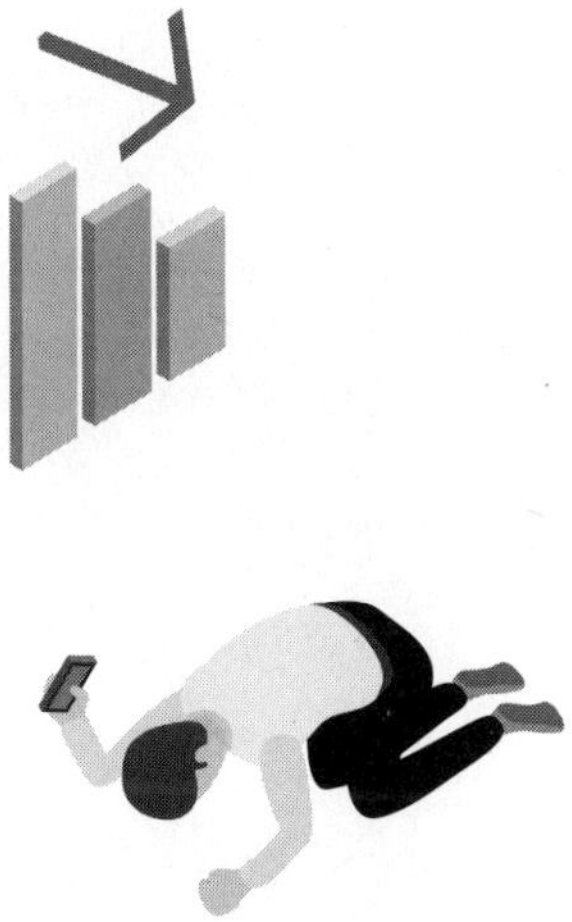

不動産投資の成否は入り口で決まる

その不動産投資が成功か、失敗なのかは、入り口で9割以上が決まるものです。いずれにせよ、強引なスルガスキームは「墓場」と言われており、買った時点でほぼうまくいかないことが決まります。

2015年頃までに購入していたケースでは、スルガ銀行で融資を受けた人も借り換えをすることで、なんとか収支を改善できました。しかし2018年のスルガショック以降は、不正融資が大々的に出てしまったので借り換えが困難になりました。

前述したスルガ銀行へ救済を求める弁護団をはじめ、サラリーマン投資家向けのコミュニティや勉強会・セミナーには、切羽詰まって本気で状況を打破したいと願っているスルガオーナーが多く参加しています。

私もスルガ物件のリカバリーを手掛けていますが、表立った看板を出しているわけではなく、口コミで情報が広がっており、「何とか助けてください」というオーナーが後を絶ちません。

そもそも、何千万〜1億円もする物件をタダで買えて、何の努力もせず利益だけ手に入る――。そんな美味しい話がどこにでも転がっているはずがありません。

あなたがラクして買える分だけ、業者の利益が乗せられている物件の可能性は高いのです。そのリスクを引き受けて買っているわけなので、「業者に騙された！」と嘆くオーナーの言い分は必ずしも正しくないといえます。

その端的な例が、前述の新築シェアハウス「かぼちゃの馬車」です。億単位の物件をノーリスクで運用できると考える人のほうがはっきりいって異常です。

とはいえ、購入したあとに「聞いていた話と違う！」と騒ぎ立てているオーナーも多くいます。その大半は退去が続き空室が埋まらなかったり、想定以上に修繕費がかかったりしたタイミングです。

「かぼちゃの馬車」でいえば、前述した通り２０１８年のスマートデイズ社の破綻がその発端となりました。

具体的には、サブリース家賃の振込が止まったところで、オーナーは「おかしい」と気づきますが、毎月の家賃収入がきちんと入っていれば、「かぼちゃの馬車」がいわゆる「ヤバい物件」であることに、気が付かなかった可能性も高いでしょう。

地方スルガ物件で、よくあるのが「月数十万円のキャッシュフローが出ます！」と聞いていたのに、実際は空室率が高く、キャッシュフローがほとんど出ないケースです。

プラスマイナスゼロの収支であればまだしも、もし空室が増えたら月5万円のマイナス、もう1部屋増えたら月10万円のマイナスとなり切実です。

年収が数千万円もあればまだしも、700万円程度だと手取りは30万円少しです。扶養する妻子がいる状況なら月5万円の赤字はかなりの痛手です。それが10万円になったら完全に破綻コースでしょう。

とはいえ、スルガ銀行で融資を受けた人全員が損をしているわけではありません。

2008年のリーマンショック後から、2011年東日本大地震、アベノミクス前夜の底値だったタイミングで、スルガ銀行の木造アパートローンを引いた人はかなりの確率で成功しています。

当時のスルガ銀行は、築古の木造アパートにも積極的に融資をしており、利回り15〜20%超という高利回り物件に対して、金利4・5%でも収支は十分に成り立ちました。

極端に言うと、アベノミクスまでは何があってもうまくいく世界で、不動産だけでなく株も「買えば儲かる」という珍しい状況だったと思います。

このように投資ではタイミングが重要なので、融資の不正はもちろん問題だとしても、スルガ銀行だけが悪いわけではありません。そこに便乗した悪徳業者と無知で情弱な投資家にも責任の一端はあります。

スルガスキームが流行した背景

そもそも、その当時、スルガ銀行から物件を買った段階で、高値掴みをしている可能性が高いのです。というのも、スルガ銀行の融資基準に該当する物件を業者が作っていたからです。儲かる物件ではなくて、融資が受けられる物件という前提です。

地方中古物件の場合は、スルガ銀行が融資をするのは築20～35年程度で、築30年前後の物件が多く、築40年以上の物件は基本的に融資がおりません。

平成元年あたりに建てられた物件が、２０１６〜２０１８年によく売られていましたが、平成元年といえば、年末には日経平均株価が3万８９５７円の史上最高値を記録、まさに「バブル景気」のピークです。この頃には世の中に多くの物件が建てられました。そして、オーナーの残債がほぼなくなるタイミングがその30年後です。

今の70歳を過ぎている人たちが、家庭を持つため賃貸住宅が必要とされました。その世代はまだ人口が多く核家族化もあり、当時の賃貸アパートやマンションでは足りないため、地主にお願いして積極的に建築を進めていきました。

その際にアパートやマンションを建てると、「減価償却」という目に見えない経費を計上できる特権があり、多くの賃貸アパートやマンションが建築されていきました。

このような理由から、30年ほど前のオーナーの多くは地主でした。今みたいに建築費もＲＣ造で坪１００万円以上ではなく木造並みに50万円くらいだったので、かなり利益が出ました。

賃貸アパートやマンションを建てれば家賃収入が入ってくる、しかも減価償却を入れられるので納める税金が少ない。こうした背景から、全国の地主はこぞってアパート、マンションを建てていったのです。

そのときの物件が築30年を迎え、改めて市場に出てきたのが、前述した2016〜2018年。当時のオーナーからすれば、すでに家賃収入でかなり儲けていますし、現金化すれば億単位で売れるので正に勝ち組です。当然、そこを狙った不動産業者も次々に現れますし、銀行もそれを見逃しません。

典型的なスルガ被害者のサラリーマンとは？

スルガスキームの被害者でも、当然、年収が高い人もいれば低い人もいます。

むしろ、そこまで高年収でない人のほうが傷も浅いケースが多いのであって年収

３０００万円といった高年収であれば、スルガ銀行から6億円もの融資を引いているケースも結構あります。一方で年収７００万円や８００万円クラスだと、融資額は2～3億円の人が多いです。

融資の上限は年収の30倍が目安とされていますが、年収１５００万円や２０００万円となれば、40倍まで上がることもあります。もちろん、これはあくまで目安であり例外もあります。私の知るサラリーマン投資家は、年収２０００万円程度で8億円の融資を引いています。

傾向としては、高所得の人ほど外資系など実力主義の世界で生きているため、リストラの危機にさらされています。将来への不安が強く、それが不動産投資を始める動機になっています。

焦れば焦るほど、悪徳業者に引っかかる可能性は高いと感じます。

特に高所得者の人の場合は、多少の赤字なら給料から払えてしまいます。いわば真綿で首を絞められて徐々にダメージが蓄積されるイメージです。これが年収の低い人なら一気に苦しくなるので、ギブアップするまでが早いです。

そもそも被害額も年収に比例します。

とあるサラリーマンは年収２０００万円以上ありますが、外資系企業に勤めていて年収も不安定、しかも貯蓄が意外と少ないのです。年収が高いから安定しているわけではなく、むしろ崖っぷちの状況。そんなところに業者がカモを狙って一生懸命に営業するわけです。

地方スルガスキームのよくある価格帯としては、８０００万〜1億円の物件を2棟程度買っている人が多いのですが、それは年収１０００万円未満の場合です。このように年収の多寡によって、融資の金額もさまざまなのです。

第1章

現状把握

不動産投資を始めた「きっかけ」は何か

この章では、不動産を購入する際のきっかけや目標などの前段から、すでに所有している物件のチェック方法、さらには「失敗したと思ったらどうすべきか」という点まで解説していきます。

まず質問です。
そもそもなぜ、あなたは不動産投資を始めようと思ったのでしょうか。

✔SNSで不動産投資の情報が流れてきたから
✔上司や部下、知人などがやっているから
✔書籍で読んだから

など、さまざまなきっかけがあるはずです。

今でこそ認知度が上がり、会社員のメジャーな投資法としても挙げられるようになった不動産投資ですが、２０００年くらいまでは地主の相続税対策として行われるのが一般的でした。それが２０１３年にアベノミクスが始まった頃から不動産にお金が流れるようになり、普通の会社員でも手が届くようになりました。

同時並行的に、その流れに便乗して利益の出ない物件を売りつける業者も増えました。その背景には、まったく勉強をしない人（＝カモとなる人）たちの市場参加も深く影響しています。不動産業者の言うことを鵜呑みにして買ってしまう人があとを絶ちませんでした。

ここまで不動産投資が流行った理由の一つとして、「不労所得」というイメージが強いことが挙げられます。物件を買ってしまえば、あとは放置していても自然と口座にお金が入ってくる。実際は「不労」ではないのですが、甘い言葉を信じ切って痛い目に遭った人は数え切れないほどいます。

もちろん、不動産投資のブームに乗りつつ、しっかり勉強して利益を出している人もいます。しかし一方で、「不動産投資＝簡単、安心・安全、誰でも成功できる」と勘違いして大損した人も多くいるのです。

例えば、電話営業を受けて何も考えないまま買ってしまった。あるいは、自身はやる気がなかったものの、上司に勧められて仕方なく買ってしまった……そんなケースもあります。

このように不動産投資のブームに乗った人の中でも、「自主的に始めた人」と「受動的に始めた人」に分かれます。そして、圧倒的に後者のほうが失敗率は高いといえます。

前者の人でも、「業者や市況次第」という側面は強いです。つまり、ある程度勉強していても悪徳業者に騙されたり、物件価格が高騰している時期で買えるような状況でなかったりした人も多くいるということ。特に２０１６～２０１７年にスタートした人は、地獄への列に並んでいったような状況でした。

そういう意味で必ずしも個人の努力とは関係なく、「時代」や「運」の要素も不動産投資の成否を多分に左右しているといえます。自ら情報を取りに行ってたくさん勉強したとしても、うまくいくとは限りません。逆に、強引に買わされたマンションが数年後には大幅に高騰したというケースもあります。

このように、不動産投資を始めたきっかけといっても多種多様であり、どれが結果として成功率が高いかは一概にいえません。

どんな目標を実現したいのか

多くの人は「不労所得」を目的に不動産投資を始めます。その背景には、「将来が不安だから」「給与収入以外に何かしらの収入が欲しいから」といった気持ちがあります。

つまり、不労所得を得た先に明確な目標があるわけでもなく、とりあえず副収入を得ることが目的になっているわけです。

よくあるのが、業者に勧められて「これくらいの収支で、これだけお金が入るならいいかも。自分の仕事にも支障が出ないだろうし、管理も全部やってもらえるし」と安易に考えてしまうパターンです。

この場合、ほぼ勉強をせずに始めてしまうので、不動産を買ってもマイナスキャッシュフローになっていたりします。

不動産投資の目標として「会社員をリタイアする」ことを掲げる人もいます。今話題の「F

IRE」です。「毎月のキャッシュフローが100万円を超えたら会社を辞める」という目標を持つ人がたくさんいました。

ただ、最近ではリタイアを目標にする人は減っています。

また、「毎月のキャッシュフローが100万円」といっても、借金がゼロなら別ですが、多額の借金を抱えた状態なら極めて脆弱です。

そしてこの目標値は、会社員にとって「年収1000万円」が一つの成功基準であるのと同時に、わかりやすい数値といえます。つまり、特に根拠もなく「毎月のキャッシュフロー100万円」をゴールにしている人も多いということです。

借金に対する正しいイメージを持つ

他にも、一般的には自宅以外で不動産を買うことがないため、「投資家」や「オーナー」といった言葉の響きに憧れて始める人もいます。

その反面、「借金は怖い」「借金＝悪」というイメージも根強く残っています。むしろ一般的な会社員は、大半が「怖い」と思っているでしょう。

その気持ちがあるにもかかわらず、数千万円、中には億単位の物件を買ってしまう人が出てくるのは、営業マンが「借金できるのは、信用がある証です」などと言葉巧みに借金に対する不安を取り除いているからです。他には大家の会でも、借金自慢をする人がいて、その影響で借金へのイメージを覆す人もいます。

確かに、借金に対する負のマインドブロックを解くことは重要です。借金と一口にいっても、「お金を稼ぎだす借金」と「単に消費する借金」では意味がまったく異なります。だからといって闇雲に借金を背負うのもまた違う話です。

不動産投資の入り口では借金の問題以外にも、自己資金や属性などに対するマインドブロックが壁となるのですが、いずれも有能な営業マンがそこを解放してくれる（背中を押してくれる）ケースが多いです。そして、漠然とした耳障りのいい数字、目標に向かって走り出す。これが大半のパターンです。

間違った「目標」を設定している人たち

ちなみに、初心者ではなく複数棟を持つくらいの規模になると、もちろんゴールも変わってきます。一般に多いのは、「月100万円のキャッシュフロー」と「資産5億円」です。

まず「月100万円のキャッシュフロー」とは、「満室家賃収入 − ローン ＝ キャッシュフロー」の計算で「100万円残る」という意味です。より正確に収支を算出するなら、固定資産税・管理費・修繕費・入居付けのコストなどを加えなければなりませんが、この計算では入れていません。

つまり、現実の意味での「キャッシュフロー100万円」と「満室家賃収入－ローン＝100万円」はだいぶ異なるのです。

次に「資産5億円」ですが、多くの人にとって「資産」の意味は「借金の額」です。ただしこの場合、例えば銀行評価が3億円、借金が5億円のケースだと、債務超過が2億円となります。「2億円マイナスの人」になってしまうわけです。

また、資産の意味を「積算価格」として考える人も少数います。しかし、積算価格といっても田舎の国道沿いにある大規模な建物を指して「資産5億円」といっている場合もあり、果たしてその資産5億円は実勢価格でいくらなのか、という問題があります。仮に実勢価格が3億円なら、銀行評価5億円あっても売却時には3億円になるので、2億円のマイナスになってしまいます。

したがって、銀行評価が高いからいいとは限りませんし、もちろん借金の金額が大きければいいという話でもないのです。

結局のところ、「数字」といっても、借金の金額・実勢価格・積算価格などさまざまあります。その中で、不動産投資において一番の指標となるのが「キャッシュフロー」なのです。

しかし、キャッシュフローを目指しているにもかかわらず、例えば「借金の額＝資産」と考えてしまう人が一定数います。そうなると5億円、10億円の資産があってもキャッシュフローが残らない状況に陥り、そもそもの目標がブレてしまうことになりかねません。

規模、戸数、利回りで自慢する人たち

また、規模や戸数を自慢する人もいますが、まったく意味がないことです。戸数といっても、当然シェアハウスなら一棟でも部屋数は多いわけです。

一方、戸建てなら10部屋といったら10物件所有していることになります。「3棟持って30室の人」と「1部屋80平米あるファミリータイプで24室持っている人」を比べたら、後者のほうが規模は圧倒的に大きくなります。

しかし、前者のシェアハウスが都内の一等地にあり、逆に後者の24部屋はかなりの田舎にあれば、価値はわからなくなります。

このように、戸数や棟数で語るのは意味がないのです。

他にも、よくあるのが「利回り自慢」です。

まず前提として、利回りには「表面利回り」と「実利回り」があります。

表面利回りは「家賃収入÷取得金額×100」で計算しますが、はっきりいってまったく当てにならない指標です。その物件の家賃が適正かどうか。そして空室率がどれくらいになるかを考慮しないと、実態となる数字には近づかないからです。

ランニングコストも忘れてはいけません。東京でADが0、もしくは1出せば十分なエリアと、関西や北海道でADを5出さなければならないエリアを比べたら、同じ家賃でも利回りは大きく変わります。

また、家賃5万円、利回り30％の戸建ての場合、利回り8％でも家賃5万円の部屋が20戸ある一棟のほうが、キャッシュフローは残るケースが多いです。

そういう意味で、「高利回り＝キャッシュフローが残る」わけではないのです。

大切なのは、バランスと自分の投資スタイルです。

もちろん、趣味で利回り30％の田舎のボロ物件をタダ同然で購入して楽しければ、その人にとってはいいでしょう。

しかし投資効率も考えるのであれば、エリアや物件種別、金額などを総合的に判断しなければなりません。都心の駅近ならワンルームがいいですが、地方のバス便でワンルームに需要があるのか。そうした見極めが重要です。

当社が管理する前の物件でも、「表面利回り18％、実利回りが4％」というケースがありました。物件自体は悪くないのですが、投資としてふさわしいのかは疑問があります。

いずれにせよ、物件の指標はさまざまであり、「これでなければならない」という決まりはありません。バランスとその人の目的で判断すべきです。

リスクを考慮し、目標キャッシュフローを設定する

キャッシュフローについては目標を設定するのは大事なのですが、現実を踏まえた数字にする必要があります。

例えば、「月100万円」という目標をいきなり実現するのは、資産家でもない限り基本的に不可能です。そのため、まずは「月10万円」を目指すところからスタートすべきです。

月10万円ということは、年間120万円です。そこまで難しくはないですが、簡単でもありません。きちんと利益を出すためには手残りを計算する必要があります。

不動産投資をしていると、株価のように予期せぬトラブルが多々起こります。２０２０年、日経平均が1万５０００円から一気に3万円まで上がりましたが、さすがに不動産投資では家賃が急激に上下することはありません。

とはいえ、中古物件を買うと室内は見えないので、例えば家賃4万円の物件で給湯器が壊れたとなると、そこで家賃の2倍以上の10万円かかる場合があります。したがって、水栓が壊れた、水漏れがした、出張費用もかかったなど、購入前の収支シミュレーションで厳しめにランニングコストを入れておかなくてはなりません。

改めて現状確認する場合は、自分がそもそもなぜ不動産投資を始め、何を目標にしていたのか。その目標は今のやり方で実現可能なのか。そうしたことを確認しましょう。

漠然と数字を目指しているだけでは達成できませんし、むしろゴールとは真逆のことをしている可能性もありますので注意が必要です。

現在の収支を把握

ここで皆さんにお聞きします。

今、あなたの収支はどのような状況でしょうか。

購入時に立てた収支計画からどれくらい乖離があるでしょうか。

もしくは、業者からもらった収支計画はその通り進んだでしょうか。

もし計画通りに進んでいなかったとしたら対処が必要です。

例えば、「1億円を借りて実利回り4％で回ればいい」と思っていたのに、現実は1％、つまり100万円しか残らなかった。この場合、300万円分を改善する方法を考えるべきです。詳しい改善策は第3章でお伝えします。

大切なのは、「どれだけ計画から乖離しているか」を把握すること。例えば、6棟所有している人なら「1棟はOK、2棟はマイナス、3棟はトントン」という状況かもしれないので、まずはその状況を知ることが最優先です。

そのうえで足りない部分があれば改善していく。これが次の目標になります。

私はこれまで多くのお客さまに会ってきましたが、5億円の負債を抱えて持っている人と、1億円の負債を持っている人を比較すると、後者のほうがキャッシュフローは多かったりします。しかも倍近く、です。

結局のところ、どれだけ規模が大きくても、いくら借り入れがあろうとも、大切なのはキャッシュフローです。

棟数や借金を増やして満足できるならいいですが、そうでないのならキャッシュフローの目標を設定する必要があります。基準は、どんな物件であろうともフルローンで購入した場合「購入価格の4%以上」です。

私のもとへ相談に来る人は現状1%だったり、あるいはマイナスだったりします。

基本的にスルガ案件で買っている人は、利回り10%あるもののキャッシュフローが少ないのが共通点です。1億円なら家賃収入は月100万円くらいですが、借り入れ返済だけで毎月60万円ほどあります。そのため、あとは金利交渉を行う、部屋の稼働率を上げて満室経営をして、少しでも収益性を増やすことを目指します。

収入・ランニングコスト・物件価値

前項でお話しした現在の収支を把握するには、所有している物件のキャッシュフローの再確認です。家賃収入とランニングコストを全て洗い出し、今いくらキャッシュフローを得ているのか把握します。

この際、ランニングコストは実際に年間でかかったもの、過去にかかった履歴に加えて、例えば「来年には外壁塗装をしたほうがいい」「鉄部が錆びているから塗り直しが必要だ」「設備が15年経っている」といった観点で確認していきます。

特にお金がかかるのは屋上の防水と外壁の塗装です。ただ、これも5社見積もりをとるのですが、5社ともバラバラな数字を出してきます。そのとき何が正しいのか、どういう工事内容をすればいいのかを見極める必要があります。

今は外壁の塗装でも3～4回塗りますが、どういう工事がいいのか（ダメなのか）はインターネットで調べられるので、情報を得たうえで大まかなコストを把握することが大切です。

そして、所有物件の価値を計算します。

一番わかりやすい数字は、「キャッシュフローが何％か」です。現状の家賃やランニングコストを入れてキャッシュフローを出すわけですが、一番良かった2016～2017年のときでもキャッシュフローは4％あればいいほうでした。そのときに実際いろんな経費を入れたら、1％しか残っていません。

つまり、1億円の物件を買って借金もしているのに、実際にかかる経費を引くと年間100万円（月8万円）しかキャッシュフローが出ていないということです。

業者シミュレーションの実例としては、「1億円の借金をして年間で400万円が残る」という内容で出されたものの、蓋を開けたら100万円だけのケースもあります。

正直これはまだ良いほうで、空室が埋まらない、あるいは修繕費などでマイナス収支という例は珍しくありません。

自分の状況を把握するには、「稼働率」「間取り」「設備」などもチェックする必要があります。

他にも、既存不適格や容積率オーバーでも融資が出ることがあります。もちろん基本的には難しいのですが、容積率オーバーだけなら都銀でも融資を出します。これは「建築時は適合だったけれど、建築基準法が改正になって今は違法物件になった」という、やむを得ないパターンです。そうした場合は融資を出す銀行もあります。

ただし、掛け目が低くなるなど余計にストレスをかけて評価されるため、本来ならフルローンでいける物件でも、頭金を4割程度求められることがあります。

また、建ぺい率オーバーも基本的に融資は難しいです。ただ、銀行も商売なので、借り手の資産背景などを見て判断することもあります。

ここで大事なのは、「自分が把握していない部分で物件に問題があるかもしれない」ということです。医師や高年収のサラリーマンで属性が良かったり、嘘の年収で報告したりして、本来であれば買えないような物件の融資が通っている可能性があります。

加えて契約関連の確認も重要です。契約書自体に不正があり、後で見直すととんでもないことになっている恐れもあるのです。実際、発覚したケースも1つや2つではありません。

忘れていけないのは既存の入居者の賃貸借契約書の確認です。「入居者がどんな契約を結んでいるのか」をレントロールでチェックします。このとき、一斉に同じ時期に入居していたら、もしかして一斉に退去する可能性もあります。

また、サブリースには要注意です。サブリースについての詳細は75ページをご確認ください。

物件を購入するとき、大半の人は重要事項説明書もよく読まず、売買契約書でも金額を見るくらいという人もいます。そもそも読んでも意味がわからないという人がほとんどでしょう。

積算価格はどのくらいか

続いて、収益の価値ではなく、銀行評価の基本となる積算価格を調べます。積算価格とは「土地の価格」と「建物の価格」を計算して足したものです。

土地の価格は、「公示地価または路線価」×「土地面積」で算出します。

建物の価格は、再調達価格×延床面積×（法定耐用年数 − 築年数）÷法定耐用年数で算出します。法定耐用年数はＲＣだと47年、木造だと22年です。

建物の価格は古くなる分、価値がなくなっていきます。一方の土地の価格は上下しますが、今の日本では一定の地域を除き倍に増えることや、逆に2分の1に減ることも考えにくいです。

そういう意味で、「購入した物件は築年数とともに価値が落ちていく」と考えています。

これは投資物件だけでなく自宅にもいえます。

自宅は実需なので、基本的には空室だったら実勢価格で売れますが、投資物件に関しては積算がとれないと出口もとれないので、「自分の物件はいくらなのか」を把握することは必須です。そういう意味で、積算価格の計算は不動産投資で欠かせないといえます。

明らかに積算がとれない人の場合は売ることが困難となりますので、ランニングコストを下げて家賃を上げて生き延びるしか方法はありません。ただし、家賃が上がって収益性が高まれば売れる可能性はあります。

計算した結果、明らかに積算割れして買っている場合ですが、割れていたとしても7～8割ならそこまで問題ありません。厳しいのは5割くらいからです。

どの物件も大体7割が通常です。特に都心なら6割、さらに超都心であれば3～4割のケースもあります。例えば千代田区の番町や丸の内など、「超」がつくほどの一等地であれば、積算価格は関係なく売却できます。

しかし、それ以外のエリアは積算価格が融資の対象になりますし、合わせて利回りが高くなければ売れません。

もちろん時代によって銀行の融資体制も変わるので一概にはいえないのですが、一般的に6〜7割は普通といえます。

そこから積算が低くても、本人の属性とエビデンスでカバーして融資を受けるといった戦略が出てきます。ここでいうエビデンスとは「資産背景」のことです。株や預金などはもちろん、両親の資産や職業なども関係します。

端的な例が木造のボロ物件ですが、やはり5割を下回ってしまうと売れなくなる可能性が高いです。

ただ、いわゆる積算割れの物件でも、数千万円程度で高利回りなら、ノンバンクなど高金利の金融機関が融資を付けることもあります。

例えば、利回り12％だとしても金利が4％なら、イールドギャップは8％残ります。頭金を3割出す必要があっても、物件価格2000万円なら600万円です。出せない金額ではありません。

ですから木造ボロ物件は融資が付きづらいものの、選択肢がゼロではないのです。ただし、億単位の積算割れ物件になると、かなり売りにくいのが一般的な見解です。2000万円、3000万円の物件なら失敗ではありません。

また築古物件は、減価償却を求める（節税目的で買いたい）需要があるので、そこのマーケットで勝負することもできます。

ただ前述のように億単位の物件になってしまうと、ニーズはかなり少なくなります。

億単位の積算割れの物件を持つ人は、家賃を上げて収益性をなるべく上げるしか方法はありません。

ハザードマップを確認

重要事項説明書には令和2年の改正で、ハザードマップにおける取引対象物件の所在地について説明することが義務化されました。

それより前に買った人の事例として、物件エリアが工業地帯で、一部上場企業の社宅として使われていたものの、ハザードマップに抵触していることになり、コンプライアンス的にも社宅として借りてもらえなくなった人がいます。つまり、そうした改正によって、物件の競争力が落ちてしまったということです。

ただ、ハザードマップに関しては既存不適格と一緒で「当時は良かったけれど今はダメ」となる可能性はあります。

いずれにせよ、「この辺は工場がたくさんあるので社宅で借りる人が多くいます」と言われて買ったはずが、購入後に管理会社から「ここはハザードマップに入っているので、一部

上場の社宅にはできません」と断られるケースもあるので注意が必要です、

実は、ハザードマップに入っているエリアは意外と多くあります。

東京なら荒川の脇にある町はほとんど含まれます。特に江戸川は海抜がマイナスで該当するエリアも多く、駅徒歩数分の距離でもハザードエリアに該当します。

今後、日本全国で大きな災害があると、ハザードマップも更新されるはずです。熱海の土砂災害が問題になりましたが、日本は災害国家なので、災害に対する意識はより高まるでしょう。

そういう意味で、これからの購入基準としては「ハザードマップに入っているか否か」も重要になるといえます。

ただ、東京の一等地ならハザードマップに入っていてもおそらく大丈夫です。

また、ある程度の都市部なら、ハザード的に多少の問題があっても人が戻ってくるので、売れないことは考えにくいでしょう。実際、液状化した浦安も戻っているようです。

しかし、地方になるとハザードは致命的なリスクになります。

そのため、これからはハザードがなくて高台で地盤が良いエリアは、国の方針的にも、ますます価値が上昇する可能性があります。

COLUMN 1

コラム①

首都圏と地方、対照的な失敗投資家

失敗投資家にも、いくつかのパターンがあります。

ある投資家は、2017年の終わりに多法人スキームで不動産投資を始めたものの、関西の都市部で利回り9％の新築アパートを2棟買ったところで、融資が積極的だった時期が過ぎてしまい、買い増しできなくなりました。

物件価格は1棟1億円弱、合わせて2億円弱です。属性がいいためスルガ銀行ではなくて、りそな銀行から金利1％、フルローンで借りています。それを聞くと、スルガ銀行で借りた人よりも断然良いように思えますが、実際はお金がまったく残らないそうです。

この原因は、入居コストと修繕費などランニングコストがかかることです。関西の都市部であっても、競合物件の多いエリアは、ADが多額にかかります。中古物件でAD5カ月のエリアであれば、新築であってもAD3カ月かかります。

さらに退去するたびに原状回復費用の負担があります。新築でそこまで

の工事は必要がないように思えますが、管理会社に嫌われたら入居付けしてもらえなくなってしまうので、言われるがまま不要なリフォームや原状回復工事をしているのでしょう。

金利が低いため、なんとかプラスの収支でまわっていますが、予測していたキャッシュフローにはまったく及ばないそうです。

逆に対照的だったのが、東海地方の片田舎のスルガ物件を自身の力で立て直した人です。

最初にやったことが「自己客付け」です。ジモティーを利用した客付けをマスターしてＡＤのコストをカットしました。ジモティー客付けといえば、自主管理のイメージがありますが、関東に住んでいるので、地元の管理会社と話をして、ジモティーでメッセージのやり取りを自分で行い、ある程度話がまとまったら管理会社に任せる仕組みにしました。そのため仲介手数料は払うものの、ＡＤが必要ない分だけ利益が残ります。

さらに金利交渉で4・5%から下げることで、キャッシュフローをプラス10万円まで持って行ったそうです。

その人に聞いたところ、儲かるか否かを左右するのは、やはり「入居コスト」だと言っていました。たしかに入居コストを下げることで、3割程度は収支が改善します。

関西と東海のオーナーの事例を紹介しましたが、実はどちらも物件価格8000万～9000万円程度、融資がどんどん出ていた2017～2018年に買っています。ですから、大阪は利回り8%程度で新築、岐阜も10%ありました。岐阜は重鉄のよくある築24年くらいの2DKです。どちらの物件も悪くありません。

ただ、どちらのオーナーも想定していた利益が得られず危機感を抱きました。この2人は早めに気づいてリカバリーをしていますが、多くのオーナーが自分の置かれた状況に気づきません。

第2章

「成功大家さん」と「失敗大家さん」の決定的な違い

あなたが儲からない5つの理由

本書を手に取ってくださった方は、不動産投資がうまく進んでいない、なんらかの不満・不安を抱いている状況だと推測します。本項では、「なぜ儲からないのか」にフォーカスしましょう。

①嘘だらけの営業トークを信じてしまった

中古物件のオーナーチェンジでは、買ったらすぐに家賃収入があるのが魅力です。しかし、入居中の場合は、室内を見ることができませんし、さまざまな経費が想定以上に発生するケースもあります。特にスルガスキームは不動産業者が売主となる場合が多く、正しいデータを出さないことも珍しくありません。

本来ならばキャッシュフローを貯めて建物の維持・管理をしていかなくてはならないのですが、ある日突然に水漏れが発生したり、壁のコーキングが切れたりして、防水や外壁塗装、修理費に多額のお金がかかります。ただ、築30年を超えた物件でメンテナンスをしなければ、人間と一緒で壊れる箇所も出るのは当たり前です。つまり、〝起こるべくして起こっている〟といえます。

問題なのは、それを把握していながら業者が売らないということ。しかも初心者だと、それを知る術がありません。「自己資金なしで毎年300万円が手元に残りますよ。しかも瑕疵担保責任で2年間も保証がありますよ！」と業者に囁かれて買ってしまうのです。

②表面利回りが高いのに、実質利回りが低い

よくある失敗として挙げられるのは、「表面利回りが高いのに、実質利回りが低い」ケースです。つまり、購入時のシミュレーションと運用時の数値とにギャップが生じているということ。購入時の収支計算書には含まれていない項目があり、予想していた収益を実現できないわけです。

例えば、「広告費」と書いてあり、何に使われるのかわからないまま勝手に請求されてしまう、あるいは「清掃費（日常清掃・定期清掃）」や「消防点検費」「貯水槽の清掃費」なども購入時の収支計算に入れていない人が多くいます。結果、「こんなにランニングコストがかかるとは思わなかった……」という事態に陥ってしまうのです。

他にもよくあるのは家賃の下落です。1回退去をして次の入居者を付けるとき、家賃を想定以上に下げなければならなかったという例は、特に築浅や新築物件にはありがちです。

業者の提案書だと、30年間の下落率は1～2％と緩やかな下がり方ですが、現実は1回出ると5～10％も下がることがあります。新築プレミアムとは別に、わかっているのに数字の

下落を過小評価する悪質な業者が多いのも事実です。

また、レントロールがでたらめというケースもあります。ただこれは、そもそも正しいレントロールとは何かがわかっていない（相場賃料も調べようとしない）人が多いのが原因ともいえます。スルガ銀行で買った人が特に多いのですが、業者から出されたレントロールを信じきってしまい、一度退去が発生したあとに家賃が大幅下落することもあります。

③修繕費用のダメージが大きい

2020年4月までの民法（以下、旧民法）では、瑕疵（＝キズや欠陥、不適合など）が見られた場合は、原則として売り主にその責任を取ることが求められていました。

これを瑕疵担保責任と呼びます。当時は「瑕疵担保責任が付いているから何かあっても安心ですよ！」という営業トークで安心してしまい、物件を買った人も多くいます。

しかし、何かあっても管理会社なので対応はしてもらえません。例えば水漏れをしても、少しのコーキングで収めて「2年後は知りませんよ」となっていたりします。しかも、そうした物件は何もしていないので、購入時には見えていない室内で退去が発生すると悲惨な状態だったりします。

仮に2LDK、50平米以上の広い部屋だと、直すのに100万円ほどかかることもあります。そうした投資家はほとんどフルローンで借りているので、満室時のキャッシュフローは良くても3～4％でしょう。1億円で買って、満室でもキャッシュフローが300万円くらいのイメージです。

原状回復費用も、購入時の収支計算で入れていない人が多い項目です。原状回復費は退去した部屋を元の状態に戻すために発生するコストで、都心部よりも地方のほうが家賃に対するコストの割合が大きくなります。

例えば東京23区だと、家賃5万円で4畳の部屋や6畳1間の風呂がない部屋もありますが、地方だと同じ家賃5万円でも50平米くらいあったりします。

そうなると原状回復費も数十万円かかるのは珍しくないですし、水回りにトラブルが起きたら１００万円近く出費がかかることもあります。実際に聞いた話だと、80平米程度の部屋では、退去のたびに１００万円以上かかるそうです。

これだけ高額になると、直したくても直せないという状況になってしまいます。結果、入居者の募集ができなくなり途方に暮れてしまう……そんな人もいます。

洗面台や風呂など水回りの部品代は、日本全国そんなに変わりません。施工費に関しては地方のほうが安いのですが、収入（家賃）から逆算すると割高になります。

中古の原状回復費は関西は比較的に安いものの、田舎すぎるエリアになると地主を相手にしたビジネスモデルになっているので、実はそれほど安くありません。

一番いけないのは、そもそも管理会社が下請けに出しているため、管理会社のいいなりになってしまうことです。原状回復ではなく必要以上のリフォーム工事を行い、多額の修繕費を請求されて赤字になってしまっているサラリーマン投資家も見られます。

④入居付けのためのコストを考えていない

次に「ＡＤ」です。そもそもの問題として「ＡＤ」という言葉の意味を知らない人は意外と多いものです。特にスルガスキームで購入した人は、事前に説明を受けていないケースもよくあります。

ＡＤは賃貸募集をする際の「advertisement（広告料）」の略で、管理会社が入居の契約を決めた際に、募集時の家賃1カ月単位で支払います。そのためＡＤは円単位ではなくて、「○カ月」という風に月単位で金額が決まります。

不動産投資の勉強を少しでもしていれば、知っていて当然の知識ですが、実は「ＡＤ」という言葉を使わない業者が結構います。その場合、契約事務手数料・契約登録手数料といった名目で請求されるケースもあります。

ですから、家賃5万円の物件でＡＤ１カ月であれば、５万円分の支払いが生じます。さらに地域によっては、そのＡＤが2カ月分になったり、特に北海道の札幌など競争の厳しい地域になると新築でもＡＤ３カ月分が当たり前だったりします。

なかにはAD4カ月分、5カ月分でも付かない地域さえあるほどです。例えば大阪府下には、物件が比較的新しくても「AD5（広告費5カ月分）」でもなかなか決まらない市もあるそうです。

正直、AD5の地域だと賃貸経営は成り立ちません。一番怖いのは、AD5を支払って入居者が決まったとしても、その入居者は業者が用意した当て馬という詐欺まがいの被害を受けるケースです。特約として2年未満の解約は違約金として家賃1カ月を入れたとしても、それでAD5カ月のほうが儲かるため、そのような悪事を働く業者がいるのです。

これはオーナーが確認する術はありません。つまり未然に防ぎようがないのです。ADが高い地域だとこうしたリスクは常にありますし、とはいえ客付け会社にADを返してくれと言うわけにもいきません。

また、AD欲しさに強引な客付けをしたため、クレーマー入居者と揉めて退去を促した結果、ADを損してしまったケースもあります。客付け会社がしっかり審査をしていなかったのが理由ですが、オーナーが苦情を言ったところ、怒って入居付けをしてくれなくなった例もあります。

こうした理由から、ＡＤの文化が強いエリアやＡＤが必要な物件を買うとキャッシュフローが減ります。ＡＤ１とＡＤ３では、同じ利回りでもまったく違った利益になります。そもそも多額のＡＤを積まなくては入居付けできないエリア＝賃貸経営が厳しいエリアということです。

いくら高利回りでも空室があれば、それはまったく意味がありません。結局のところ、かなりの田舎で表面利回り15％、実質利回り５〜６％であれば、都心で表面利回り６％、実質利回り５％のほうが遥かにおすすめできます。

そうした一見、高利回りの地方物件を購入してしまい、高額な入居付けコストに悩まされているオーナーをよく見かけます。

⑤不利なサブリース契約をしている

よくあるのが、サブリース会社が入居者の「付け回し」をして、部屋の状態がわからないというケースです。

付け回しとは、自社物件での入れ替えです。例えば、サブリースの会社が複数棟持っていて収益性が悪くなった場合、家賃をかなり下げて募集して入居付けし、そのあとサブリースを解除するわけです。こちらから家賃は定額で見えないので、こうしたことが起きたりします。

基本的にサブリース会社は3カ月で解除できるので、そこの確認まではしようがないのです。また転貸借になるので、入居者の個人情報を出す義務もありません。

例えば、サブリース家賃が10万円とします。サブリース会社は利益をとるので、仮に手数料が10%であれば、オーナーには9万円入ります。これが普通のサブリースの仕組みです。

ところが、オーナーには9万円で貸していると言いながら、実際には5万円で貸していたりするのです。つまり、サブリース会社の手数料は1万円ではなく、5万円になっているということです。

そして、しばらくその状態で運営して契約を解除します。借地借家法があるので2年間は貸主から解除できないのですが、借り手はいつでも解除できます。その会社のサブリース経営がうまくいかなかったら、不採算の物件から解除していきます。そのため10世帯あるうち、実は稼働が6割というケースもあるわけです。

これは、かぼちゃの馬車でも同じです。かぼちゃの馬車は「家賃保証で20万円」などとしながら実際は0円でした。そして、完全な逆ザヤ状態が耐え切れなくなったのです。

もともとは新しい物件を建てるときに利益を乗せているので、そこから回せていたのですが、スルガ銀行からの融資が止まり、自転車操業が成立しなくなったのです。

そこまで悪質でなくとも、「月10万円を払います！」と言っておきながら、実際には全く払えないから安く住めていて、採算が合わないから3カ月前にサブリースをやめようとしたところ、蓋を開けたら家賃が半分の5万円になっていたというケースもよくあるのです。

むしろ解除するときは、そのパターンが多くあります。

そして転貸借したとき第三者は守られているので、安い家賃で入ってしまった入居者に対して退去してもらうことはできません。

実は、私もこのパターンを経験したことがあります。個人でサブリースの物件を購入しました。月30万円のサブリースでしたが蓋を開けてみたら12万円、つまり約3分の1の家賃に設定されていたのです。

とはいえ、利回りが15％と高く、キャッシュで、かつ土地値以下で買っていたので銀行に寝かせておくよりは良い運用でした。

大変だったのはサブリース契約の解除です。お金もかかりますし築30年以上なので、何かが壊れたら修繕義務もあります。むしろ退去してもらったほうが有難い状況です。

厄介なところは借地借家法があるので、正当な事由がない限りオーナーからは入居者を出せないことです。一方、入居者は簡単に退去できますし、多少の滞納なら追い出されることはありません。パワーバランスがおかしいわけです。そのため、サブリース物件で前述のような問題が起こると、金額以上にダメージ（負担）が大きいです。

例えば事業化しての立ち退きなら、お金を払うなど気持ちの整理もつくのですが、サブリースの場合はある日突然に切られて、蓋を開けたら衝撃の状況を知ることになります。

サブリースにはこうしたリスクがあるので、心構えをしておく必要があります。

よくサブリースのデメリットといえば、大半の人が「家賃を下げられること」だと考えます。ただ、家賃が下がるなら良いのです。そもそも「当面は下げない」と言っても、いつでも下げてもいい契約だからです。しかし、入居者を出せないのは非常に厄介です。


また、区分業者の嫌がらせで物件を売ろうとするときにサブリース解除ができず、トラブルになることがあります。これも多くの人が知らないサブリースのデメリットです。

例えば、オーナーとサブリース会社が9万円で契約して、今の入居者が家賃10万円を支払っていても、前述のように実態が9万円未満だったら売るにも売れません。それに契約書はいくらでも書きようがあるため、この不正は発覚しにくい恐ろしさもあります。

このように、さまざまな理由から当初の利益目標に達していない、もしくは損を出しているサラリーマン投資家がいます。

購入して1年目ではまだわからない部分もありますが、2～3年も経てば何かしらのトラブルが出てくるはずです。そのため、2016～2017年に物件を購入したサラリーマン投資家は、2020年あたりから自分の投資に不安を持つ人が増加しています。

サブリースで二度美味しい業者

また、サブリース家賃の金額が変更になったときも「想定外だった」「初めて知った」と驚くオーナーもいます。

サブリースは2年ごとに金額を改定することが多いのですが、中には4年、6年というケースもあります。サブリース会社としても退去されたりして空室期間の補填をしているわけなので、「これまでは50万円で借りていましたが、次の2年間は40万円にさせてください」と言われたりします。そうなると、収支は20%も下落してしまいます。

当然、オーナーとしても「10万円も下げるなんて。納得いく説明をしてください！」と訴えるのですが、そのときに返ってくる言葉はただ一つ、「契約書に書かれている通りなので」です。それを聞いて「そんなの認められない！」ということであれば、「それなら契約解除になります。

ただ、解除する場合はサブリース金額の3カ月分（このケースだと150万円）の違約金が発生します」という返答が来ます。さすがに150万円も支払うことはできないので、泣く泣く10万円の減額を了承するしかありません。そうしたケースが実に多くあり、その大半はそうした状況になって初めて自分の投資が失敗だったことに気づくのです。

ちなみに業者にとって確実に儲かるのは、売りっぱなしよりも売ってから巻き上げるパターンです。つまり、その物件を売って利益を確定させ、さらにサブリースで2年間もお金を回収するという〝絶対に損をしないビジネスモデル〟です。仮にオーナーが破綻しても管理がなくなるだけなのでダメージはありません。

私が知っている一番ひどいケースは「違約金が12カ月」です。なぜオーナーはそんな契約を結んでしまったのかというと、単純に契約書を読んでいないからです。契約をするとき、買う人は一切読まないで「ここにサインしてください」と言われるがままにサインをしてしまうのです。悪質な内容が含まれているとも知らずに……。

話を戻すと、不動産投資の失敗例としては何も考えずに買った人を除き、原状回復費や広告費が想定外にかかってしまい、収支が悪化してしまうのが典型例といえます。

それ以外には、「家賃が高くてありがたいな！」と喜んでいたものの、その家賃は業者が無理やり高値で付けたものだったことがあります。

また、満室だと思って安心して購入したら、カーテンスキーム（入居者がいないにもかかわらず、カーテンを設置することで住んでいるように装う悪徳手法）だったというケースもあります。

このような手口に引っかかったり、当初の予定していた収支シミュレーションに不備があったりすると、表面利回りと実質利回りの乖離は大きくなります。そう考えれば、表面利回りの数字は〝あってないようなもの〟ともいえるでしょう。

ＵＲ賃貸、ビレッジハウスという脅威

入居付けのコストについて記載しましたが、これからはＡＤが当たり前になると私は考えています。

実際、都内の山の手通り沿いの新築物件なのに、３割埋まっていないケースもあります。その物件の家賃は相場より５０００円高いくらいなのですが、あまりに決まらないのでＡＤを２００出して、フリーレントも2カ月分付けるという大盤振る舞いをしています。

他にもここ3カ月ほど、都内であっても築浅の１Ｋなどの高い価格帯（10万円以上）の物件が決まっていないケースがあります。閑散期ということもあるかもしれませんが、コロナの勢いが再び加速したことも大きいでしょう。

また、東京を出て地方に行く人が増えていることも関係しているかもしれません。そうした理由から、これから都内の築浅であってもＡＤが当たり前になってきています。

一番厳しいのが、UR賃貸の存在です。国策として、仲介手数料無料、敷金不要、フリーレント3カ月、更新料無料で借りられます。今では全物件、どこの営業所でも行っています。まさに民の圧迫です。こんなことをされたら民間が敵うはずありません。一応URの物件は、片田舎だったりアパートだったり築年数も古かったりするのですが、それでも強すぎる競合であることに変わりありません。

そうした物件は一般に広く貸し出すのではなく、保証人がいない高齢者、家賃滞納者、生活保護者などに貸せばいいと思うのですが、URはファミリー物件が多く、単身向けは数がそれほど多くありません。

これが地方でいえば、ソフトバンクグループ傘下の外資系不動産投資会社による賃貸住宅「ビレッジハウス」が脅威になっています。同社が運営するのは、雇用促進住宅を買い取ってリノベーションした物件です。

雇用促進住宅とは、主に労働者を対象にした公営住宅で、見た目は古い団地です。敷金や礼金ばかりか仲介手数料までかからない点が特徴で、格安の家賃で全国各地に物件を展開しています。

外国人もハードルなしで入居できるため、低価格帯のアパート・マンションオーナーの脅威になっています。

とはいえ、ビレッジハウスは家賃滞納には厳しいらしく、ビレッジハウスを追い出された外国人を引き受けるスルガ物件もできていると聞きます。

ビレッジハウスは民間ではありますがＵＲと同様、公共の社宅のようなもので、低家賃で大規模な事業展開をしており、民間の不動産オーナーからすると迷惑な存在です。

ただし、旧雇用促進住宅であるビレッジハウスは築古物件がほとんどで、外壁塗装などがしていないケースも多いです。いかにも古い団地といった見た目から低家賃帯の中ではパワーがありますが、一般的には「ボロ物件」となり、物件力は強くありません。一方、ＵＲは団地ですが、アクセスが良いところにあるケースも多く物件力はそれなりにあります。

量産された儲からない新築木造アパート

2016〜2017年に木造の新築物件を買って失敗した人も多くいます。

例えば、神奈川県あたりのU社の物件は狭小の間取りで、同じエリアに同スペックの物件を大量供給しているため、お互いがライバルとなり苦戦しています。

一方、大阪や名古屋など、地方主要都市のそこまで悪くない立地で、首都圏ほど条件は悪くない（狭くない・家賃も高すぎない・供給過剰ではない）のに手残りが少ないというケースもあります。

このパターンはシンプルに利回りが低いのが原因です。

私もT社の物件を大阪で1棟管理しています。そこは利回りが6・5％で、調達金利が3・5％、大阪市内の駅徒歩13分で堺市にも近い立地です。そうすると3％の幅は新築プレミアムがあって、そこから家賃が5％落ちて、原状回復費やADなどのコストも考えると正直厳しいです。

実は、T社は木造新築ですが原状回復費が高いです。理由は「盛られるから」です。そのため1回目の切り替えの際に、入居者はクリーニング代の2万円程度で済むのですが、オーナーには7万円、8万円という賃料の1・5〜2倍の金額を原状回復費として請求しています。本来ならクリーニングくらいでいいのに、クロスの補修やフローリングのリペア（補修）が含まれているのです。

しかし、オーナーには「退居しました」というレポートだけ来て、そのコストは家賃から天引きされるので気づかないのです。

さらにT社は元付なので、入居者が決まったら1カ月分の賃料と、ADが100だと1カ月分、つまり2カ月分のお金が取られます。極端な話、6万円なら半年分近く取られるわけです。そこに固定資産税などを入れると手残りはほぼありません。

そのため、20平米程度あって駅から遠くない物件でも、お金が残らないという現象が起こります。知らないところでお金を搾取されている実態があるのです。

COLUMN 2

コラム②

かぼちゃの馬車で儲かった人、失敗した人の違いとは？

かぼちゃの馬車に関しては、前述した通り「徳政令」が出ました。

徳政令とは、鎌倉時代などに幕府がつくった債務免除の法律です。２０１８年にかぼちゃの馬車の運営会社スマートデイズが破綻。その後、スルガ銀行による不正融資が問題となりました。

当初、かぼちゃの馬車オーナーたちへは「ローン返済の猶予」をしていましたが、２０２０年には物件（かぼちゃの馬車）を手放せば残債が免除されることになりました。これは「令和の徳政令」と呼ばれています。

スルガ銀行による徳政令に救われたオーナーが多い中、ごく少数ですが自身の力で空室を埋めて収支をプラスにしているオーナーもいます。というのも、かぼちゃの馬車も時期によっては都内の好立地で建てており、金利を下げたうえで高稼働しているため十分に利益が出ているのです。

結局のところ、かぼちゃの馬車事件では失敗した多くのオーナーは徳政

令による借金帳消し、数少ない成功オーナーはそのままシェアハウス運営を続けています。

一方、ダメージでいえば圧倒的に地方スルガ物件のほうが深刻です。なぜなら規模が大きいからです。同じ仲介で買える規模が、東京で仮に30坪だとすれば、地方だとその倍以上の面積になるケースも多いです。つまり土地も建物の規模も大きくなる分、管理コストや修繕コストがかかります。

面積が倍になれば家賃が倍になるかといえば、東京都内と地方では、地方の家賃相場は圧倒的に低くなります。ですから金利交渉という手段はあるかもしれませんが、現状は苦しんでいる人がたくさんいます。

ちなみに、前述したように、かぼちゃの馬車事件を発端にスルガショックが２０１８年に起こっていますが、いまだに「自分が失敗した」と気づ

いていない人もいると思います。

というのも地方スルガ物件でサブリース契約をしていれば、どれだけ空室があっても家賃収入が入りますし、ある程度の空室があってもマイナスの収支になっていなければ、そこまで気にしない人も多いからです。

失敗に気づいた人は、まとめて空室が続いたときや、修繕費がかさんで収支が回らなくなったとき、あるいはサブリース賃料が下がった2～3年目のタイミングでしょう。

しかし、前述したように高年収の人は、幸か不幸か資金的に恵まれているため、多少の赤字でも気にしていないパターンも多いです。

このように状況はさまざまですが、スルガ問題は今でも終わっていません。

第3章

失敗投資の解決策「稼働率・家賃」をあげろ！

いかにマイナスを減らすか

多くのスルガ物件ではせっかく不動産投資をはじめたにも関わらず利益が出ていない、もしくは収支が赤字になっているケースも珍しくありません。また積算評価が5割を切っていることも多く、売却しても残債が残る状況です。

インカム、キャピタルそのどちらもマイナスであれば、このマイナスをいかに減らすかが目標となります。もしくは、あわよくばプラスを狙います。

そのためにまず必要なのは、「稼働率・家賃を上げること」です。家賃が上がれば利回りも高くなるため利益率もアップします。くわえて、ランニングコストを徹底削減することを検討します。

例えば、管理費・ビルメンテナンスのＢＭの清掃費・消防点検代・貯水槽があったら、その清掃代を落とすことを考えます。あとはＡＤも見直します。通常２００かかるところを、

100で済ませる方法を摸索します。

具体的なコストを削減してキャッシュフローを増やす方法は次項で解説しています。

あなたの物件が永遠に輝く7つの鉄則

それでは、実際にどのようにマイナスを減らしていけばいいのか、ノウハウをお伝えしましょう。

①ライバル物件の調査と差別化

まず、あなたの物件の周辺にあるライバル物件がどんな物件かチェックします。私が実践しているのは「徹底した市場調査」です。周辺エリアの賃貸物件の間取り、家賃などを全て調べます。最初にネット検索し、その後に現地と電話ヒアリングをします。

市場調査では、ある程度の住所情報（○丁目まで）を検索すると、ライバル物件が出てくるデータベースが当社にあります。それを使うと家賃や間取りだけでなく、成約事例の日付なども地図上に全て落とすことができます。

市場調査によって物件を把握した後は、相場家賃を算出します。現在、出している募集条件が適正か」を見極めるためです。

ただ実際には、募集条件は〝どんぐりの背比べ〟のようなもので、築年数と駅からの距離など条件に合わせて「客付け会社にADを出せば、なんとかなるだろう」と考えている人が多いといえます。

とはいえ、客付け会社の集客は今ほぼネットなので、広告費用をオーナーが出せば一番上にそのエリアで検索結果が表示されるようになります。

なお、ワンルームの場合はすべてがライバル物件になります。

といっても、同じエリアのライバル物件は設備や間取りを見ても、だいたい空室が多いです。こちらが入居率60％なら他も60～70％というイメージです。スルガ物件だからといって空室が特に多いわけではないのです。

かぼちゃの馬車のように特殊で異常に家賃が高いなら話は別ですが、基本的にはスルガ物件であっても家賃や築年数の関係は、普通の物件とほぼ変わりません。

市場調査した後は、入居率が平均60～70％をどのように90％まで上げるかを考えるのですが、このときライバル物件はまず見ません。「己の敵は己」だからです。どれだけ多くの人の目に留めてもらえるのか、どれだけ多くの人が内見に来てもらえるのかを考えます。

また、客付けは基本的にしてもらいません。同じことをしたら入居者は付かないからです。

一般的な客付け業者の戦略は「家賃を下げてＡＤを付ける」ですが、その戦い方だとお金のない人は勝てません。そこからは退いて別の戦略で戦います。

例えば、物件を探している人の情報源はネットが9割ですが、残り1割は現地看板です。よく「土地の分譲をしています」という立て看板があり、そこに物件の詳細な情報が書かれていたりします。地方だと駐車場や土地に大きな看板を設置するので、そこからＱＲコードを付けておくと反響があります。

ライバル物件の差別化は、大きく分けるとハードとソフトとがあります。ハードは「物件そのもの」で、ソフトは「条件」です。

一番効果があるのは見た目の家賃を下げることです。家賃５万円を家賃３万９０００円・共益費1万１０００円にするイメージです（この値付けの仕方については後述します）。

ただ、管理会社からすると、ＡＤも中途解約金も1万１０００円減ることになります。そのため、この方法は管理会社が嫌がるので実践している人は少数派です。

この減額については「共益費も合算の金額で処理します」という方法もあるのですが、他がやらないので受けてもらえる可能性は低いです。

なお、ライバル物件の調査は行うものの、それはあくまで相場家賃を知るためであり、ライバルとして見るわけではありません。あくまで現状把握のために市場調査をします。

②徹底したアパートの清掃

今、空室対策で自らステージングを行ったり、専門業者に依頼したりするサラリーマン投資家が増えています。私はステージングを義務付けておらず、オーナーに判断を任せています。

というのも、そもそも収支が悪化しており、かけられるお金がない人も多いので、本人の労働だけで何とかする方法を考えています。

大家さんとしてぜひ行っていただきたいことにアパートの清掃があります。

清掃は1回1～2万円かかります。当然、そのお金はないわけなので、自分で動くしかありません。たとえ遠隔物件であっても足を運ぶことをお願いしています。

それでもきつかったら1～2時間で行ける距離に引っ越せば、少なくとも1年間で月2万円(年間24万円)の清掃費を浮かせることができます。「塵も積もれば山となる」の世界なので、こうした努力を続けるしかありません。

清掃には、エントランス・廊下・駐車場などの「共用部」と「室内」の2つがあります。室内に関しては原状回復費のテクニックを用いて、共用部に関してはオーナー自身で行うのが基本です。

共用部については、駐車場・駐輪場に枯葉が積もっているのもNGですし、ゴミ捨て場に関しては、回収日以外は空にしておく必要があります。

ゴミ出しのルールを徹底させることも、していかなくてはなりません。当社の場合、全物件に監視カメラを設置しています。アパートに一斉に入れるWi-Fiのカメラで、スマホで常に見ることができます。

そして、トラブルがあったら起こした人の写真を顔にモザイクを付けて個人が特定できないように配慮したうえで掲示板に貼ります。

こうすることで、本人だけでなく他の入居者に対しても「ここに捨てちゃダメなんだ」「このカメラは本物で、違反をしたら写真を撮られるんだ……」と伝えられるので、抑止効果になります。

加えて、あえて写真を貼ることで、近所でも「あそこは厳しい」と噂になります。顔にモザイクをかければコンプライアンス上、問題はありません。

そして、その写真についてはモデルとなるよう、最初はオーナーや管理会社の人間の写真を使います。ダミーといえばその通りなのですが、それで「ゴミ出しには厳しいですよ」というアピールができるので有効な戦略です。

実際、ある物件では炊飯器を不法投棄されたとき、オーナーの写真を使って貼り紙を用意しました。モザイクをかければ、誰の写真かはわかりません。

写真を貼り付けるときは、「当アパートは、不法投棄および衛生面が悪化することを一切許しません。不法投棄は犯罪行為です。警察と連携しており、こうした不法投棄を発見した場合、刑事法の……」など厳しい文章を添えます。

一般論として、汚い場所はより汚く、ゴミが捨ててある場所はよりゴミが捨てられるものです。ゴミ屋敷の残地物をすべて出すとき、便乗されてどんどん捨てられてしまいます。また、ゴミ箱が荒れていると、駐輪場やポストも荒れる傾向があります。

一方、ディズニーランドを例に考えてみると、キレイな場所は誰も汚しません。ですから常に清潔さを保っておくことは、予防という観点でも非常に重要なのです。

また、当社はオーナーにケルヒャー（高圧洗浄機）の貸し出しを行っているので、月1回は自身で対応するようお願いしています。そのため、共有部は常にキレイな状態です。

管理が行き届いている物件は、築何十年であってもキレイですし、パッと見でわかります。逆に、新築でピカピカでも、管理が行き届いていない物件もすぐにわかります。ですから、管理会社に任せていたとしてもオーナー自身が行くべきです。

オーナーが物件に足を運んだ後、感想を聞くようにしています。まずは「買った物件を率直にどう思いますか?」と質問します。バス便の物件ならば、「あなただったら住みたいと思いますか?」と聞くと、全員が「住みたくない」と答えます。その理由を聞くと「駅まで遠いから」「バス便だから」などの理由が出てきます。

ただ、その物件の購入を決めたのはオーナー自身です。他の誰でもありません。ですからダメなところも含め、まずはすべてを把握し、認めることから始めてもらいます。そのうえで、汚い箇所があればキレイにするという対策を考えます。実際、周辺環境は変えられませんが、問題の7割以上はオーナーの努力で解決できます。できるところから解決していくことが大切です。

ダメ物件にありがちなのは、「管理会社が清掃に入っていないこと」です。

共有部にゴミが散乱していたり、扇風機など家電製品が置いてあったり、段ボールが置いてあったりタバコの吸殻が共用部に落ちていたり、などです。共通していえるのは「管理会社が管理しきれていない」ということ。

また、「清掃費をオーナーからもらっているものの、清掃に行っていない」というケースもあります。

この原因は、そもそもダメな管理会社を選んでいる場合がありますし、オーナーが物件に対して適当なので「この人は何も言わない」と侮られている場合もあります。ただ、うるさく言い過ぎても逆行なので、そのあたりの塩梅を見極める必要があります。

また、「清掃した」と言っても、人によって度合いは変わります。掃除スタッフは定年後の人だったりするため、どこまでやったかを明確にする必要があります。

ですから、当社は管理したときに「清掃とは元の状態に戻すこと」と定義を決めます。「拭いた・拭いていない」などの問題ではなく、元の状態にすることを求めます。このように、すべてマニュアル化しているのです。

これもオーナーはお金がないからこそ、自分でやるしか選択肢がないので、そのマニュアルをオーナーに渡して、清掃道具もこちらが用意して指示を出します。清掃については室内清掃を含まず、共用部だけです。室内の清掃は、退去時に当社で行います。

共用部だけでも毎月清掃するようになればコストを浮かせられるだけでなく、いろいろなところに目が届くようになります。

そして、オーナーが清掃すれば、即日で清掃関連の問題は改善されます。例えば、タバコの吸殻があれば貼り紙をしますし、全戸に投函します。

すると、入居率も変わってきます。それだけでなく入居者の質もだんだん良くなっていきます。「管理会社も清掃する人も変わって、ちゃんと見られているんだ」というプレッシャーを与えられるからです。

また、入居者とすれ違ったときはオーナー自ら「こんにちは!」と元気よく挨拶すると、どういう人がどの部屋に入っていくのかがわかりますし、トラブル防止にもつながります。

先ほど「ダメなところの7割以上は努力で改善できる」と書きましたが、基本的に立地以外のことは改善可能です。

例えば、共用部が汚かったら玄関にパネルのシールを貼ったり、ポストがぼこぼこになっていたらプロパンガス会社にお願いして付けてもらったりします。

シールに関しては、昔の玄関の外側は鋼鉄製で古いものだったりするので、そこにダイノックシートを貼ると見栄えが大きく変わります。また、花を置くことで印象が良くなり、それまで寄り付かなかった女性入居者が入って来るようになったりします。

ダイノックシートは数千円程度で、貼るのも難しくありません。オーナーではなく私が貼ることもあります。

基本的に、オーナー本人に最終的には技術を全て伝授します。そして、営業もリフォームもできるようになることを目指してもらいます。

そうした活動をしていくうちに、物件に対する理解度がどんどん深まります。

そして、これは非常に重要なことです。騙された人たちは、自分の物件のことをまったくわかっていません。どんな設備が付いているのかわかるだけでも、修繕のタイミングやお金の把握もできます。

室内設備については、やるとしてもお金ができてからです。基本的に築年数にもよりますが、設備に投資すべきではありません。ただし、外観なら大したお金はかからないのでいいでしょう。

お金をかけてよい部分と、かけてはいけない部分があります。お金をかけてよい部分は、アクセントクロスのように視覚的な印象が大きく左右されるところです。ダブルレバーをシングルに変えることは、壊れない限り必要ありません。その代わりに清掃を徹底して行い、内見時のために室内にセールスポイントをポップに書いたりします。

他には、清潔感も重要です。清潔感ひとつで物件の印象は大きく変わります。

③敷地内の整備　～不法投棄、不法駐車・駐輪への対応～

駐車場では、ゴミや不法駐車が問題になります。

不法駐車は民事上の取り扱いになるので警察は介入できません。そのため、まずは入居者のものか外部のものかを確認します。

入居者のものなら掲示板にナンバーや写真を貼ります。そのとき「次に停めたら損害賠償請求する」と書けば不法駐車はなくなります。

これが外部の車であれば、駐車場に看板を立てて「不法駐車常習犯。○月○日○時頃、この車が停まっていました」という紙を貼ります。

車なので個人情報はないのですが、鍵をかけたり、触ったり、動かしたりするのはダメなので注意が必要です。

駐輪に関しては、まず「盗まれた自転車ではないかどうか」を警察に確認します。

当社の場合、「管理ステッカー」があり、そこで停める場所まで全て指定しています。そのため、自転車の区画と誰のものなのかがすぐにわかります。そして、ステッカーがない自転車は即撤去しています。

駐輪ステッカーを貼るまでの管理については、通常、管理会社が変わるときは3カ月が必要なので、その間に「管理会社が変わって今後の管理方法は……。そしてステッカーが貼られるようになります」という文章とともにステッカーを配布します。

さすがに3カ月あればできますし、仮にその期間に連絡をしてこないなら、逆に問題ありの入居者という可能性もあります。連絡が繋がりにくい入居者なのかもしれませんし、そもそも外部の放置自転車なのかもしれません。

④プロパンガスへ切り替え

例えばプロパンガスの物件の場合、一番大きいのはプロパンの切り替えです。ある程度償却が終わっている物件なら、1部屋当たり3〜5万円の紹介料がもらえる場合もあります。そしてエアコンや給湯器もサービスで対応してくれたりします。

最近は宅配ボックスやメールボックスなどのサービスも、交渉次第にはなりますが、受けられることもあります。あとは基本料金を下げて、入居者の負担を減らすといった交渉もできます。

少なくとも一都三県は何でもできますし、地方でも大手の会社が1社は存在し、そこが全国対応してくれます。

「関西は厳しい」といわれますが、そんなことはありません。つい先日も切り替えたのですが、1部屋あたり5万円、10世帯で50万円の紹介料をもらいました。

加えて、その物件は2DKなのですが、エアコンを1台から2台にしてくれて、さらに宅配ボックスも設置してくれました。関西でも、10社程度当たれば見つかるはずです。諦めずに粘り強く交渉していくことが大事です。

今はスルガ銀行の借り換えは困難ですが、そうやってコツコツとキャッシュフローを増やしていき、さらに1円も使わず貯めていけば、その点を評価する地銀が現れるので、タイミングを見て売却できる可能性もあります。

そのチャンスを逃さないためにも、満室経営は必須事項です。

満室経営の徹底は、借り換えだけでなく、新規物件の購入時にも関わります。金融機関もプロなので、買ってから埋まらない物件はわかっています。融資の担当者は、物件概要を見ただけで、わかる人はすぐにわかります。

⑤オーナー直筆のメッセージカード

入居者サービスに関しては、当社の場合、更新から1年が経ったタイミングで「何か不備はございませんか？　お困りごとがあったらいつでもご連絡ください」というオーナーの手書きの手紙とともにRUSHの入浴剤を送ります。その手紙にはオーナーの携帯番号も書きます。しかし、電話がかかってくることは滅多にありません。

オーナーに直接書いてもらうことで、やはり気持ちが伝わります。

あとは、クリスマスカードを送ったりします。家族背景を把握しているので、属性によってデザインを選びます。単身者にも送っており、例えば女性なら可愛い系のメッセージカードにします。一番ベーシックなのは「お身体大切にしてくださいね」と書かれたメッセージカードです。

もちろん見て終わりの人が大半なのですが、「できることは全部やる」という姿勢が重要です。

10世帯に送れば、1世帯くらいは更新時などのタイミングで反響を聞けたりしますし、そもそも入居者に手紙を書くオーナーはまずいません。そのため「オーナーさん、大事にしてくれているんだな」と他の物件よりは思ってもらえるはずです。

また、入居者が学生の単身者で保証人が親なら、手紙は親にも送ります。「遠方にお子さまがいらっしゃって、いろいろご心配だと思いますが、物件の管理はお任せください。何かありましたらいつでも言ってください」と書き、最後は必ずオーナーの直筆の名前と電話番号で締めます。

これが自主管理ならオーナーへ電話がかかってくることもあるでしょうが、管理物件の玄関にも、管理会社のしおりにも、書かれているのは管理会社なので、オーナーに電話がかかってくることはまずありません。

もちろん管理会社が対応しない、あるいは何かトラブルがあって管理会社に対して不信感があるという状況なら話は別でしょう。

ちなみに、管理会社が全く対応しないからオーナーに直訴してくるケースもありますが、エイブルでは多いイメージです。

⑥退去時コストを削減

退去時の原状回復コストは経年劣化や通常使用の範囲での劣化に関してはオーナーの負担となります。入居者の故意や過失による修繕は、入居者に請求できるとされていますが、具体的にはどこまでが「経年劣化や通常使用の範囲」と見なされるのかは、国土交通省による「原状回復をめぐるトラブルとガイドライン」に制定されています。

結論からいうと、喫煙やペット飼育などなければ、入居者へ原状回復費用を請求するのは難しく、一般的に入居者は敷金からクリーニング費だけ支払うケースが多いです。

私の場合、エアコンもクリーニングも契約書に明記して必ず取っています。もし入れていない人がいたら絶対に取るようにしてください。

前述したように、オーナーの立場は弱いので、原状回復については事細かに記載します。

例えば、クロスなら単価まで全て書いて契約書を作ります。またワンルームであればクリーニング費用は一般的に2万円程度で済みますが、当社は5・5万円取ります。そのことをマイソク募集図面にも載せています。

記載する際は金額も書いています。例えば、ある1Kの物件には「ルームクリーニング5万5000円、エアコンクリーニング1万2000円」にしています。それ以外では、鏡の水垢のクリーニングも取れます。いずれにせよ、取れるものはすべて取るようにしています。

あとは、「洗濯機のエルボ管を紛失した」「エアコンのリモコンがない」「カーテンレールの穴を1個失くした」など、当社は細かく立会いするのですが、それらも明記しています。結局のところ、オーナー側は何かあってもお金を徴収することが難しいので、修繕区分や単価等はしっかりと明記しておきます。

物件によっては「初期費用0」のため、敷金も取っていないこともあります。そのため保証会社をつければ、家賃滞納が起こっても、家賃の2カ月分までは保証会社が保証してくれます。契約書だけ先に作成して交わしていれば確実にそこはもらえるわけです。

つまり、入居者が敷金を払っていなかったとしても、家賃の2カ月分までは原状回復費として保証会社が保証してくれます。例えば、5万2500円かかったとしても、その人に逃げられたら保証会社が払ってくれるのです。ただ、保証会社も単価が不適切でないかは確認します。当社は約1・5倍も高いクリーニング費にしていますが、高くても根拠があり契約書に書いてあれば問題ありません。

私は自然素材をコンセプトにした物件を持っているのですが、床が無垢のため、クリーニング費用を10万円としています。

このように、当社にとって敷金は全額もらう前提なのです。ただ、敷金は取らず、退去時にかかるようにしていますし、もし逃げられても問題ありません。退去後1週間以内に速やかに振り込みがなかった場合は債務不履行になるので、その翌日すぐに保証会社へ連絡すれば月末に入ってきます。そのため資金繰りにも困ることはありません。

⑦入居時に費用がかからないかわりに退去で取る

管理会社についてはこちらがいくら知識を持っていても、物件の状態を見に行けるわけではないので搾取される可能性があります。

私はオーナーでもありますし、管理会社としても年間数百の部屋を見ているわけですが、意外に管理会社とオーナーの両方の経験と知識がある人はいません。

つまり、入居者には「出ていくときのお金は高いけれども、その代わり初期費用を安くしている」ということです。結局、入居希望者は問い合わせの段階で、家賃・物件の距離・設備・築年数・広さ・初めの敷金、礼金などで決めています。また、退去抑制になるため、当社の方法は理にかなっていると思います。

入居者は契約を決めたら入居が早いので、「退去のとき、これだけかかりますよ」と伝えても、ルームクリーニングの5万円が安いのか高いのか判断できません。ただ、保証会社なら2カ月分は保証してくれる会社も多いのです。

ちなみに、当社は清掃会社と年間契約しているので、ワンルームなら1万5000円で済み、エアコンは６０００円で済みます。エアコンは原価８０００円ですが当社はパッケージで契約しているので、かなりの安価で実現できています。

なお、クリーニング業者も外注しているので、自主管理で頼むときは相見積もりを取るのがベターです。

⑧管理会社の見直し

空室を埋めるための効果的な方法を学んでも、これまでの方法を変えることを管理会社が避ける傾向があります。ですから、実践するなら管理会社を変えるときなど、抜本的に変えるタイミングになるでしょう。

そうでない限り、従来のやり方で埋まっている人たちは、そこからあえて変えようとは思わないものです。

また、なぜ管理会社が新しいやり方を拒否するのか。それは、この業界の悪い慣習の一つなのですが、管理担当者は空室を埋めたところで特に利益が増えるといったことがないからです。不動産業者の花形部署は「売買」であることが多く、多くの営業マンは売上をあげることで収入が増えます。

一方、管理部門は事務的な仕事が多く、空室を多く埋めたからといって報奨金が入るわけでも、歩合給がもらえるわけでもありません。そのため、仕事に対するモチベーションが低いのです。

それを考えると、賃貸仲介専門業者の営業マンのほうが、空室を埋めることで営業成績が伸びて歩合給も入ります。とはいえ管理会社が元付け、賃貸仲介会社が客付けとなるので、いくら賃貸の営業マンががんばってくれたところで、元付けの管理会社のやる気がなければ、空室を埋めることが難しくなります。

賃貸を扱う会社でも、管理会社と客付け会社とでは大きな差がありますし、リフォームから売買、実需まで扱う総合会社と特化した会社にも分かれますし、大手のフランチャイズと地場でも分かれます。

これらの見極めは、オーナーレベルではわからないと思います。委託契約して数カ月、1年経って初めて「こういう会社なんだ」と気づくケースが多いといえます。

中には、収益に強くて投資家慣れしている管理会社もありますが、そういう会社に慣れていない投資家が行くと煙たがられます。

実際、スルガ物件を持っており、1円、2円の世界で来ている人から見れば、それを受け入れてくれる会社でなければダメです。特に地方の場合、地主も投資家も規模が大きいので、細かいお金を気にしなくなりがちです。「もうAD5でいいですよ」などと言って、どんどんお金を出す人もいます。

しかし、私たちはそうではないことを肝に銘じておく必要があります。毎日物件にも通うし、汗も流すしか方法はありません。

今後の市況を予想すると、物件価格は高止まるものの、融資が厳しい状況がしばらく続くと私は考えています。

そして人口減少やマーケットの素早い変化などによって満室経営が難しくなる一方なので、まずオーナーとしては今の投資を見直すべきです。

まだ物件を持っていない人からするとイメージできないかもしれませんが、特に管理会社の見直しは非常に重要です。

不動産経営は長距離マラソンであり、常に知識武装して立ち向かう必要があります。スルガ銀行の融資で物件を買って失敗した人に関しては、その経験を生かせばきちんとした物件を購入できたり、利益を出したりすることもできます。

家賃はあなたの思う金額になる！

ランニングコストを限界まで下げたうえで、家賃を見直して、更なる家賃アップを狙います。基本的には退去してからでないと難しいですが、私の場合は更新のタイミングで上げます。

まずは「3000円上げます」という交渉をし、断られたとしても1000円上がったら上出来と考えます。10世帯あればすべてに交渉し、100円でも、500円でも家賃を上げます。

1000円程度なら了承してもらえやすいです。しかし大半のオーナーは断られるのを恐れているため交渉しません。ただ、こちらとしては背に腹は代えられないわけです。少しでも家賃を上げて利回りを上げなくてはなりません。

家賃の見直しといえば、一般的には下がるケースが多いですが、それは管理会社が下げるからです。特に空室が多い物件だと、管理会社は家賃を下げることを望んできます。そこに対してノーと言うのです。

管理会社は、「募集して3カ月経っても決まらないので、家賃を下げてみたらどうですか?」と他人事のように提案します。これが自分の物件だったら生活がかかっているので、何が何でも決める努力をするわけです。しかし他人の物件なので、入居者が付かなくても自分の痛みはありません。

ですから管理会社は家賃相場や時期、古さなど理由を並べたがるものなのです。

しかし私は、今まであらゆる対策をとって改善した物件で、入居者が付かなかったことは一件もありませんし、すべて家賃を上げてきました。実際、他の管理会社では収支改善ができず、当社に流れ着く人は多くいます。手間を惜しんではいけません。

同じ家賃5万円でも見せ方によって印象は変わります。「家賃5万円、共益費0円」ではなく「家賃3万9000円、共益費1万1000円」とします。そうすることでポータルサイトでの検索の際、4万円以下で引っかかるのです。そうした同家賃での募集形態の見直しを行います。

そもそも「共益費とは何か？」と聞かれても一般の人は答えられません。オーナーが自由に決められるものであり、管理会社は「アパートなら共益費は2000〜3000円」という先入観を持っていますが、そうした常識にとらわれているとリカバリーはできません。

そして管理会社も、「決まらなかったら、うちがすべて責任を取るから任せろ！」というスタンスでいなければなりません。こちらの提案に対して文句や否定しか言わない管理会社とは付き合うべきではありません。

大切なのは、「家賃を上げた」という実績です。それはオーナーにとっても価値あるものになります。「皆は家賃を下げろって言うけれど、上げても決まるんですよ。あなたが買った物件はまだまだ可能性がある。見捨てちゃダメですよ！」という説得材料になるので、オーナーのモチベーションを上げられるのです。

なお、この交渉を実際に行うのは管理会社です。一般的に管理会社は「家賃を下げてください」と言っても、根拠もなく「家賃を上げましょう」とは言いません。そこでノーという管理会社がいるかもしれませんが、そんな会社とは付き合うべきではありません。

いずれにせよ、目指すべきは家賃を上げて利回りを上げる、そしてキャッシュフローの確保です。

キャッシュフローがあればできることが増えます。例えば、そのお金で修繕ができますし、入居者に対して付加価値となるサービスも提供することができます。

効果絶大！　反応率が跳ね上がる募集チラシの作り方

マイソクとは、物件概要と募集条件を1枚の紙にまとめたもので物件チラシの総称です。その呼称は、物件情報を扱う会社名からきています。

売買でも賃貸でもマイソクを作成して、レインズ（業者間ネットワーク）、店頭、インターネットからの「問い合わせに対してマイソクを送る」という使われ方をしています。そのため、入居希望者がいきなりマイソクを見ることはなく、不動産業者から渡されるものです。

マイソクはお見合い写真と同じで、この1枚ですべてが決まるといっても過言ではありません。

基本的なところとしては住所・面積・階数・日当たり・間取り・築年数・構造・設備といった物件の概要、地図。その他、募集条件として家賃・敷金・礼金・更新料・保証会社加入必須などの入居時条件が記載されています。
帯と言われるマイソクの下の部分は、取り扱い会社名と仲介会社への募集条件（取引形態・広告料・手数料の分配率）が書かれています。

決まるマイソクはアピールポイントとして、物件の外観内観の写真を載せること。写真も築年数が浅い場合やリフォーム後の場合はとくに大きめに、古くてリフォームしていない場合は部屋の様子がわかるような写真を掲載します。

いくら古い物件であっても、写真自体を小さくすることはしません。なぜなら、小さくするとマイソク自体の見栄えが悪くなります。くわえて、業者のすべてがカラープリントするわけではないので、小さい写真でモノクロプリントだと写真が真っ黒になってしまうからです。

その他、決まるマイソクのポイントとしては、周辺の環境をしっかり記載することが大事です。ファミリー向け、シングル向けで強調するポイントが変わるので注意してください。

ファミリー向けでは、スーパー・病院・学校・公園など。シングル向けではコンビニ・クリーニング店・ドラックストア・飲食店・カラオケなど。これらをたくさん載せることで利便の良さを強調できます。徒歩圏になければ自転車で何分と載せても良いでしょう。

設備や居住性をはじめ何かしら修繕をしていれば、それを強調するなど、専有部・共有部問わず、とにかく魅力が伝わるような内容を記載します。どんな物件でも探せばいくらでも出てきます。

逆にデメリットは載せません。告知事項に、心理的瑕疵や建物の瑕疵（傾きなど）がありあます。この2つがあれば、「告知事項あり」と記載し、それ以上は詳しく書かなくて大丈夫です。

決まるマイソクの事例

129ページのマイソクにある物件は、年収3000万円以上の外資系企業にお勤めのエリートサラリーマンの方が所有されています。属性が良すぎるためか、悪徳な業者からスルガ物件を5棟も購入されています。

築30年の立地だけは良い物件で、名古屋駅から地下鉄で約10分、駅からは徒歩1分です。スペックだけ聞くと良さそうな物件ですが、実際に見に行くと廃墟のような物件です。RC造なのに一切手入れをしていなかったので、外観も内装もボロボロ。築40年以上に見えました。32世帯で入居中が22室、10室が空室です。22室中に18部屋が10年以上入居しているため、退去すると多額の修繕費がかかります。

この投資家は2015年に利回り7・5%で購入されています。前オーナーは地主さんですが、売主と買主の間に2社入って利益を取っているという三為どころか四為をされており、関わっていた業者の質が悪く、家賃を着服したうえに水道代も着服されている状況だったのです。

結局のところ、空室の理由はずさんすぎる管理による物件力の低下でした。予算がないのでDIYで部屋を修繕して、マイソクを新たに作成して募集をしたところ、2日で10室に申し込みが入りました。

●マイソクの例

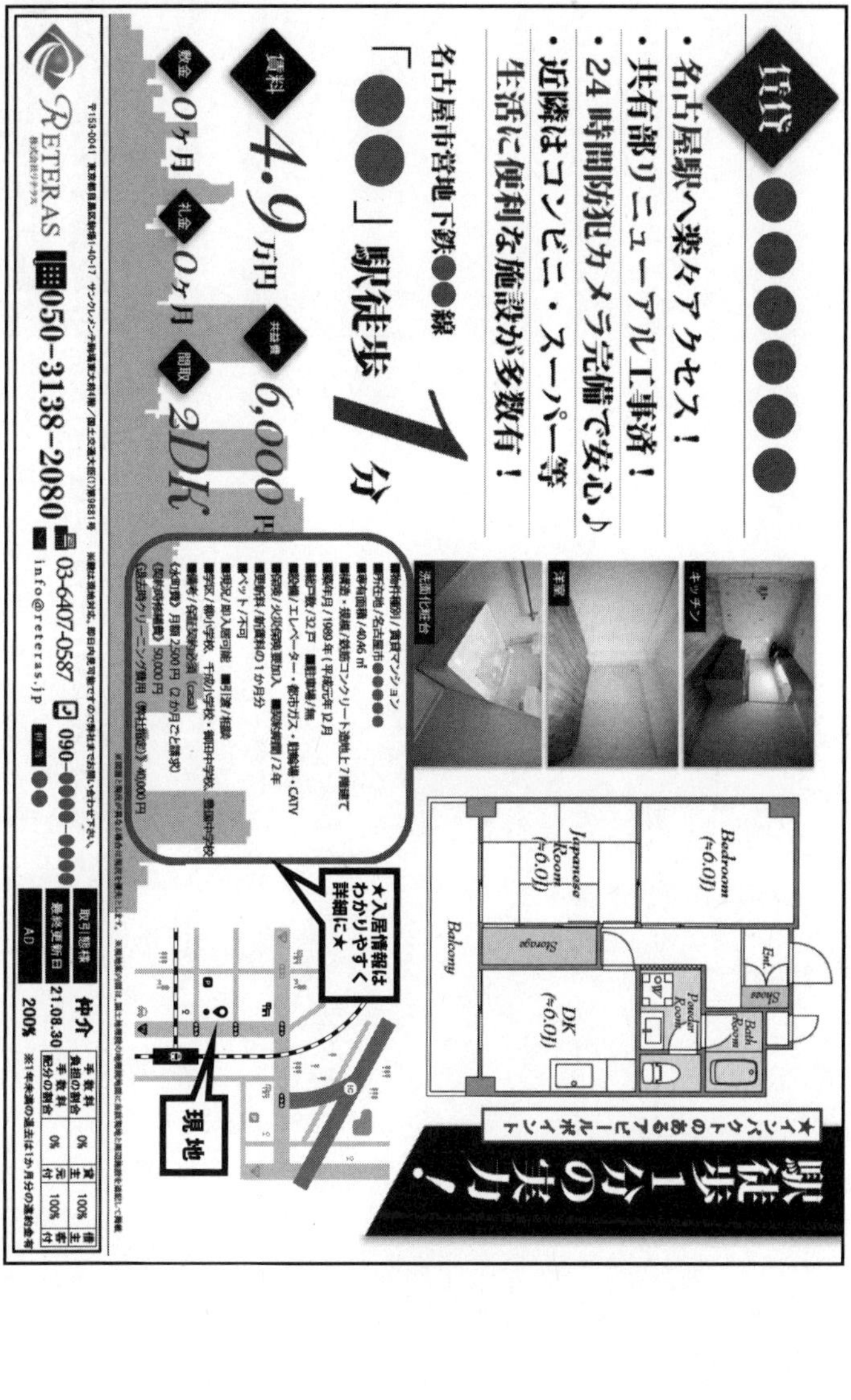
賃貸 ●●●●●●●
・名古屋駅へ楽々アクセス！
・共有部リニューアル工事済！
・24時間防犯カメラ完備で安心♪
・近隣はコンビニ・スーパー等
生活に便利な施設が多数有！
名古屋市営地下鉄●●線
「●●」駅徒歩1分
賃料 4.9万円
共益費 6,000円
敷金 0ヶ月
礼金 0ヶ月
間取 2DK
キッチン
洋室
洗面化粧台
Bedroom (≒6.0J)
Japanese Room (≒6.0J)
Balcony
Storage
Ent.
Shoes
Bath Room
Powder Room
DK (≒6.0J)
駅徒歩1分の実力！
★インパクトのあるアピールポイント
★入居情報はわかりやすく詳細に★
現地
RETERAS
050-3138-2080
03-6407-0587
info@reteras.jp
取引態様 仲介
最終更新日 21.08.30
AD 200%

インターネット戦術
～物件情報が掲載されていないのはその時点でアウト～

まず、大前提として自分の物件情報が賃貸不動産の情報サイトに掲載されているかを確認しましょう。方法は物件名での検索、または「駅名　賃貸」で検索して、絞り込み条件に自身の物件スペックを入れて、どのように掲載されているのかを入居希望者の立場で調べてみます。

本来、客付けは管理会社なら「自社物件」という自社で管理している物件がありますし、賃貸仲介専門の会社など、よその管理会社の物件の客付けを行う専門の会社があります。

そもそもレインズ（不動産業者間情報ネットワーク）に物件情報が載っていればどこの会社も扱えるので、他社物件を扱いたければいくらでもできるわけです。

ただ私の場合、あえて自社の管理物件だけに絞っています。当社は駅前にあるので直接来社される人も多くいます。東大も近く教養学部に2年間通うので、当社の近隣にある物件はネット広告に頼らなくても埋めることができます。

そのため、もともとあるSUUMOの枠が空くのです。もともとある枠とは、SUUMO・ホームズ・アットホームなどメジャーな賃貸情報サイトがあり、管理会社によりますが、不動産会社によって広告掲載できる賃貸の枠が決まっています。

例えばSUUMOの場合なら、空室の物件情報を載せられるのは「5件」「10件」などとプランがあり、それに応じた月額料金が決められています。大きな会社であれば100件かもしれないし、小さな会社なら5件かもしれません。

当社の場合、退去前までに9割は決まります。残りの1割も退去後に内見して決まることが多く、どれだけ長くても退去後2カ月以内で完全に決まっています。

そのためSUUMOの枠があるのですが、すぐ決まるので枠はいつも空いている状況です。ですから基本プランの枠だけで十分足りているのです。

当社は広告を出すとき、他社物件を一切客付けしません。自社物件のみです。枠が全て埋まってしまった会社の物件を載せることはありますが、当社の社員も内見したり、そのために鍵を取りに行ったり、名刺をFAXしたりするのを面倒だと思っています。

SUUMOの枠の中には有料の「PR枠」というものがあり、検索すると条件を入れていなくても上位にその物件が出てくるようになっています。どうしても付けたい物件は、そうした枠を使うこともあります。

ホームズだとPRポイント枠があるのですが、物件ごとにポイントの割り振りが可能です。そして、「特別広告ポイント枠」という仕組みがあり、特別広告ポイントを付与した物件は、ユーザーの目に留まりやすい検索結果一覧ページの最上位に表示されます。

当社の場合、PRポイントを1物件にまとめて使います。ですから一番上に表示されやすく、目に留まりやすくなります。家賃5万円で築30年の物件にPRポイントを使う業者はなかなかいませんし、同じ物件でも間取りが全て一緒なので、載せればすぐに反響が取れます。

同じ階から一つずつしか出さない会社もあれば、全て載せている会社もあります。これは情報としては同じになるので、被ると物件が安っぽく見えたりします。なぜなら最近は一つの物件であればまとめて表示されます。以前は同じ物件がいくつも並んで表示されていました。

いずれにせよ、賃貸情報サイトは常にアップデートされていきます。そうしたポイントを把握して使いこなしてくれる管理会社のほうが物件の閲覧数が増えるのは確かです。

ホームページ作成は「物件の強みを20個挙げる」ことから

その他の戦略としては、物件ごとにホームページも作成しています。

ホームページの作り方がわからないなら、私たちは「勉強してください」と伝えます。自己破産するか、ホームページをつくるか選んでくださいというわけです。

作成にあたりオーナーは物件の良さを把握しておく必要があります。「この物件の良さを20個挙げてください」と問われて、すぐに応答できないようではダメです。ほとんどのオーナーは答えられませんが、セールストークとして最低20個は把握すべきです。

例えば、「駅からバスで10分、さらにそこから徒歩で、坂もある物件」だとして、どうやってメリットにできるかを考えるのです。

坂があるということは高台なので、眺望や日当たりが良いし、地盤が強いので安心して過ごせます。テレワークにも最適ですし、日々の運動不足の解消にもなります。物件に行き来するだけでトレーニングができます。

こんなふうにネガティブだらけだと思っていた物件でも、いろいろトークを生み出せるわけです。

ホームページの作り方に話を戻すと、まず物件の良いところを20個挙げてキャッチコピーを考えます。

ホームページ作成は、無料で簡単に使える「ジンドゥ（Jimdo）」などのツールをおすすめしています。物件のフォーマットがあるので、写真・間取り・キャッチコピー・物件概要などを入れます。

物件概要には、「そこに住んだら、どういう生活ができるのか」ということを記載します。そのホームページを見るだけで、物件の良さがすべて伝わるようにするのがポイントです。

今は「二次検索」が当たり前の社会です。二次検索とは、例えばホームズで物件を見たあと、Google や Yahoo! で検索することです。現代人は情報を開示すればするだけ理解を深めてくれるので非常に効果があります。

そういう意味で、物件専用のホームページを作成することは、賃貸だけでなく売却時にも役立つことがあります。

また、物件の詳細を伝えることで住んだときのギャップを減らせますし、長く住んでもらえる可能性が上がります。

写真については、あまりにキレイに撮りすぎると、逆に〝作り物感〟が出てしまうので、オーナーが撮影したもので十分です。そこにお金をかける必要はありません。

キャッチコピーについてもオーナーが頭を使って、自分なりの言葉でアピールしたほうが見る側も共感できます。高級旅館の公式ホームページのような完成度を求める必要はまったくないのです。

写真は、晴れの日、曇りの日、雨の日に行って撮ります。これは撮影以外に、「物件を知る」

という目的があります。

例えば、「大雨の日に見に行くと、駐車場に雨水が溜まるんだな」ということに気づければ、将来の修繕のチェック項目に加えたりします。

写真を撮る際、不動産会社だと魚眼レンズを使って超広角に撮るところもありますが、あまりやりすぎは逆効果です。今はいくらでも画像処理できてしまう時代なので、極端にキレイすぎる写真はかえって信頼度を失いかねません。

オーナーが足を運んで撮影することで、自分の物件に愛着を持ちますし、モチベーションも上がります。「頑張っていけばなんとかなる!」「努力は実る!」と思えるからこそ前向きになりますし、実際に努力が報われるのが不動産投資の醍醐味です。

内見増やして成約率を上げるコツ

募集形態の見直しを行えば、物件の閲覧件数が何倍も増えます。

まず大事なのは閲覧件数を上げることで、そのあとレスポンスを見ます。例えば、見た人は「共益費が高い。結局は5万円じゃないか！」と憤慨します。

しかし、そこで「入居時の手数料0円物件。引っ越し代も火災保険料も0円です」と書いておくのです。

引っ越し代は、「鞄一つで入居できます」という謳い文句をつくり、問い合わせをしてくれたら物件の図面を送って、引っ越し代が0円になるサービスです。ワンルームなら引っ越し代は5～6万円くらいなので、例えばADを200出すなら同じです。

火災保険も1万5000円なので、入居時の手数料を0円にしても、オーナーの負担が大きいわけではありません。

ちなみに、家具家電付きに関しては物件によりけりですが、現在は半分くらい家具家電付きです。ただ、家具家電があることによって邪魔な場合もありますので、ターゲットを明確にしなければなりません。

例えば、私は千葉大学の目の前にある築35年のアパートを管理しているのですが、そもそも家賃が高いこともあり、まったく入居者が付いていない状況でした。

しかし学生のみにターゲットを絞りこみ、「入居時の手数料０円！」をアピールした結果、即決まりました。10世帯中８室が空室でしたが、３週間で全室申し込みが入りました。しかもＡＤを使わず、当社の広告だけで決めました。

さらに当社の場合、セルフ内見にしてもらっています。スマートフォンを持っていれば、鍵の後ろに連動するようになっており、Bluetooth（ブルートゥース）でつながっています。アカウント登録すれば、毎回鍵の番号を変えられます。

これは月額５００円で、家賃に上乗せしています。当社の場合、このシステムは保証会社から貸し出されています。

セルフ内見では、アカウントを発行して入居候補者自身で見に行ってもらいます。物件の資料は、例えば室内のシューズボックスに置いておきます。

セルフ内見の仕組みは全国で可能であり、しかも私たちが同行する必要もなく、人件費もかかりません。問い合わせが来ても、すぐに内見してもらえます。

法人契約を狙うためには

利回りが1％上がるだけで、物件によっては売却金額が数千万円変わることもあります。

しかし、１％上げるためにはかなりの努力も必要です。もちろん相場より高い家賃にしただけでは空室は埋まらないので、光熱費を込みにするなどの工夫が求められます。

なぜなら大手の法人が社宅として法人契約する際に「家賃は既定の金額まで払いますが、光熱費は自分で払ってください」というケースが多いので、光熱費込みにすると法人契約を獲得しやすくなります。

これは地方における駐車料金も同様です。家賃に駐車場料金を込みにすることで、入居者からすれば家賃・駐車場料金を会社に支払ってもらえるからです。これが駐車場料金を別にすると駐車場料金は入居者の個人負担になってしまいます。

このように家賃の出し方を工夫することで、社宅として法人契約した際に想定以上に高い家賃でも決まるケースが多いのです。「会社が家賃を払ってくれるなら、相場家賃よりも多少高くても得だな」と入居者が思ってくれるからです。この方法は比較的早く埋まる方法なので、おすすめしたいです。

サブリースを解除しておく

空室を減らして家賃を上げる前にしておくべきことは、サブリース契約の解約です。

「サブリース賃料は10年間変わりません」と言われるものの、契約書上は「2年おきに家賃を見直します」と書いてあり、悪質な業者は2年、または4年で家賃を大幅に下げてきます。

そうしたサブリース物件であれば、まずはサブリースを解除することに全力を尽くします。そうした簡単な努力から始めて利回りを上げていき、ある程度物件のパフォーマンスを高めたところで売却を検討します。

このとき、サブリース物件だと若干長期戦にはなります。入居者の入れ替わりを待たなければなりません。

ただし満室なら、運営を続けても大きな赤字にはならないはずなので、とりあえず満室をキープします。空室が少しなら最初に埋めることを考え、空室が多い場合は家賃を高くして貸すことを考えます。いずれにせよ、満室にしたところで売却します。

不動産業界のＩＴ化は異常に遅れている

なお当社は客付けの賃貸仲介会社を頼らず、自社で客付けをしています。その理由は、そうしないとお金が出せないからです。ＡＤも出せないですし、自己資金０物件ということもあり、入居者からは仲介手数料ももらっていません。

そのため当社では、再生できるまでは利益が非常に少なく、再生した後に利益を得られるようなコンサル契約を結んでいます。

オーナーからすればマイナスからのスタートですから、キャッシュフローがプラスになるまで一切、管理会社への支払いがないということで喜んでいただいています。

ちなみに当社の場合、申し込みの際もスマホがあれば、独自システム上で審査をかけることができます。プリントアウトする必要はありません。

それを読者の皆さんがご自身で行う場合、家賃保証会社Casaがおすすめです。Casaには「家主ダイレクト」という商品があり、管理会社でもできますし、オーナーでもできます。管理会社は当社を含めやっている会社は一部ありますが、まだ一般的には紙が主流だと思います。

しかし、今は住宅ローンもスマホから審査できる時代です。アナログな部分はいまだに残っているものの、デジタル対応ができる会社も増えています。あと2〜3年後で紙の時代は終わるでしょう。

これは不動産会社からすると「ハイテク」だと思われる節がありますが、他の業界では当たり前に行っている技術です。不動産テックは3から5歩も遅れていると感じます。

驚くべきことですが、いまだに紙と電話が好きな文化が残っているのです。例えば免許証などのやりとりも紙ベースではなくてスマホで行えば、お互いの負担が軽減されるはずです。

ＩＴ化が進むと、マージン商売の管理会社や客付け会社は淘汰されることになります。おそらく5年後には、客付け会社は存在していないと思います。

今ですら、例えばエイブルである必要はなく、SUUMOなどのポータルサイトに入っていれば、どの会社だって関係ありません。差別化できるとしたら、「クレジットカードが使えるか否か」などでしょう。いまだ振り込みだけしか受け付けていないという古い慣習が残っています。

前述したように不動産業界のＩＴ化は、他業界と比較して大幅に遅れています。

しかしこれは、遅れているからこそ個人オーナーにも知恵と工夫で勝負できる余地があるといえます。「花を植える」など、ちょっとしたことでも入居は決まったりします。そういう意味で、オーナー目線（特に自主管理をしている人）では、不動産業界のＩＴ化の遅れはメリットとデメリットの両方があるといえるでしょう。

空室を１日でも減らすために

退去立ち合いにはいくつか種類があります。自主管理でオーナーが行うケースもあれば、管理会社が立ち合いをして業者発注するケース、管理会社から依頼された業者が立ち合いをするケースもあります。

管理会社が来る場合はまだ良心的で、外注にそのまま投げている会社もあるのが実態です。そのため、そこまで汚れていないのに「クロスを全部貼り直し」など、しなくてもいい原状回復をしているケースもよく見られます。

また、繁忙期になると内装業者が込み合っていて、なかなか修繕工事に来てもらえない……という事態も起こります。

当社の場合は最速で原状回復期間は1日であり、退去の翌日から内見できるのです。なぜ、そんなことが実現するのかといえば、元職人で営業経験もある人間が退去立ち合いをするからです。

クロスが汚れていたとしても、一面を貼り換えるまでもない微妙な傷や汚れに対して上塗りする技法もあります。対応するのが元職人なので、ある程度の工具を持って行けば退去の日に完了します。

さらに募集するときも、当社は退去の告知を2カ月前にしているので、翌日から入居できる可能性も十分あるのです。こうしたことは、他社ではなかなかできないと思います。

それくらいしないと、もともと収支が厳しいのに、原状回復で時間がかかっていたら再生はできません。「1日でも空室期間があったらもったいない」という考えです。そこまで神経を尖らせないとスルガ物件の再生は不可能です。

原状回復期間について、きちんと考えている人は少数です。大半が業者任せにしています。しかし、クロスに穴があいていたり、床がへこんでいたりしない限り、当日に対処できるものです。当社の対応スタッフは、水栓やパッキンを持ち込みますし、クロスの品番もあります。

ちなみに、当社で建築プロデュースした物件は「洗えるクロス」を使用しており、20年間もクロスの貼り換えが必要ありません。

金額は新築に貼るので900円程度、貼り替えだと1200円程度です。アクセントクロスと同じような少し高い価格帯ですが、選択肢が豊富ですし、質感やデザインはさらに良いです。

そして通常使用で破れた場合、メーカーが保証してくれます。そもそも故意でないと破れませんし、故意に関しては、当然入居者の責任になるのでオーナーに費用負担はありません。

また、少し穴が空いたくらいなら、すぐ補修することも可能です。洗剤をペンキのように塗るだけで新品のようにキレイになります。

一般的には、建築コストを下げるために量産クロスが使われます。それよりも少し高いですが、家賃10万円の新築の部屋で、差額3万円程度です。10部屋を作ったら30万円しか変わらないので大きいです。

定期借家契約で家賃滞納者を「入れない」「出さない」

客付け会社は定期借家契約にも消極的です。そもそも定期借家契約ができたのは20年前にもかかわらず、いまだ10%以下だと思います。なかなか普及していませんが、今後は当たり前になってくる時代になるので、今から率先してやっていくのがおすすめです。数は少ないですが、定期借家契約を受けてくれる会社もあります。

定期借家契約にこだわる理由は、2年間で再契約が必要になるため、もしその期間で問題を起こした入居者ならば打ち切ることができるからです。つまり、「優良な入居者を確保するため」ということです。

当社は保証会社を入れているため、定期借家契約にしても入居者にとってマイナスはありません。

ちなみに、定期借家契約をしているアートアベニューという有名な会社がありますが、いまだ業界の古い慣習が残っているせいか、現実には客付け会社が嫌がりますし、管理会社もやっていないところが多いです。

ただ定期借家契約は、シェアハウスでは当たり前になっており、グローバルで見ても一般的です。日本の定期借家契約がおかしいだけです。

不動産会社にとっても、管理会社で変なことがあったら自分たちが動く必要が出てきます。どう考えても現場からすれば定期借家契約のほうが楽です。

COLUMN 3

コラム③

スルガスキーム失敗からのリカバリー事例❶

千葉県松戸市、駅徒歩5分、2DKが21世帯、築30年、RC、土地400坪で積算評価もかなり出ます。間口が40メートルほどあって広いのですが、敷地の7割が傾斜地という難点があります。

スルガ銀行の算出方法では、土地の面積があれば傾斜地でもそれなりに融資が出てしまいます。ちなみに神奈川でも崖込で積算というケースがあります。この千葉の物件は傾斜がかなりきつく、一番下と一番上では7階建て分ほどの高低差があります。

当時、もともと違う会社が管理をしていたのですが、21世帯中11世帯しか埋まっていませんでした。

オーナーから相談を受けたときも、「松戸市にある20世帯くらいのRCで駅徒歩5分なのですが、なかなか決まらないんですよね」と言われました。そう聞いて「普通に修繕して決まらないのはおかしいな」と思ったら、実は管理会社が全く募集をしていなかったのです。

その管理会社はADを3カ月分求めていました。しかし、その分の支払

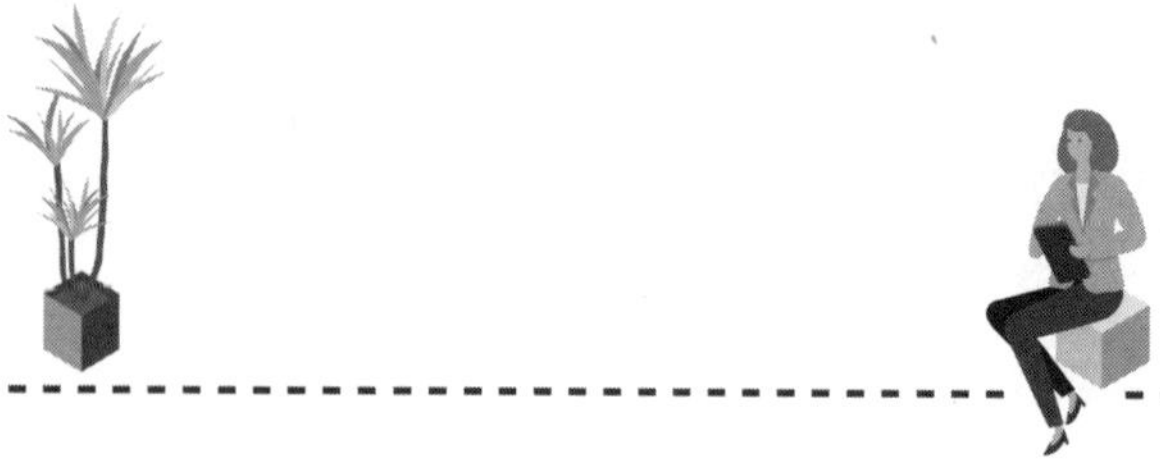

いをしても他に広告を出さず自社でしか案内をしていないのです。しかもその会社は客付けが弱く、物件から駅が3～4つ離れた場所にあります。どう考えても管理会社の選定ミスです。

その物件は三為で買ったそうですが、「三為で買った会社が管理するのではなく管理会社がそのまま」というよくあるパターンでした。

オーナーに「なぜこれほど空室なのに買ったのですか?」と聞けば、初めは20世帯中16室、つまり8割は埋まっていたそうです。しかし購入後、一気に退去が続いたとのことでした。そこから入居が決まらないのは、お金だけ取って原状回復工事をしていなかったからという非常に悪質なケースです。

手口は巧妙で、「お金だけ取った」と言っても、クロスなど、どこまでやっていないのかわからないレベルです。見積もりも一式しか出ていませんでした。

しかしプロが見れば、やっていないことは一目瞭然です。けれども空室期間が1年半程度になるので、わかりづらいのは確かです。

その他にも、洗濯機の排水溝から下水の臭いが上がってきていました。せめてラップで排水溝を塞いで臭いが上がってこないように対処すべきですが、誰も巡回に行っていないし、室内も見に行かない状況でした。そんな部屋には内見はありませんし、内見があったとしても入居付けは難しいでしょう。

結果、収支はどんどん悪くなります。オーナーも「それだけお金を請求するのなら、とにかく入居を決めてください」ともっともなクレームをつけるのですが、「なかなか相場が厳しくて……」と言い訳するそうです。

そんな状況が1～2年続き、紹介で当社へ相談に来られました。

その物件は前述のように、駅徒歩5分、ＲＣで地震に強く、駐輪完備といった強みがあります。ですから私は「お金をかけるところはかけましょう」と言って、全室クリーニングを実施することにしました。

たったそれだけで、地場の業者にＡＤ３００を流したら、３週間で10部屋すべて申し込みが入りました。しかも全員が日本人です。

そこで改めて周りのライバル物件を見てみると、比較的埋まっているのです（カーテンスキームでない限り）。ということは、決まらない理由が「清潔感のなさ」としか考えられません。

空室が１年以上も経っているのに何もしなかったら、埃がたまったり虫が死んでいたりします。これでは部屋の印象はかなり悪くなりますからクリーニングを行い、ニトリで１０００円のレースのカーテンを買ってきて付けました。

私がしたのはクリーニング業者を手配し、レインズに載せてＡＤ３００というマイソクを作成しただけです。当たり前のことをすれば普通に決まる物件だったわけです。

しかし、オーナーは業者から言われたことを鵜呑みにしていたので特に行動はしませんでした。それ以外に年収が５０００万円もあったので、それほど切羽詰まっていなかったのも理由の一つでしょう。同じ状況でも年収７００万円の人なら、血相を変えて動いたはずです。

第4章

スルガ物件の出口戦略

いかに高く売却して「残債」を残さないか

第4章では「利回りや積算が低くて残債がたくさんあり、普通に売ったら安くしか売れない物件をどう高く売るか」という出口戦略をテーマに解説します。

満室にして家賃も上げられた後は、いよいよ売却になるわけですが、このとき重要になるのが「融資」です。

流れとしては、売却することを決意したら、まず不動産会社に査定を依頼するのが一般的です。不動産会社はその物件に対して「どの程度の融資が付くのか」「利回りはどれくらいか」というところから査定をしていきます。

ただ、多くのスルガ物件では残債が多すぎるため、売却するには手出しが必要となり、「これは塩漬けが必要ですね」と言われるケースがほとんどです。

スルガ物件の場合、地方であれば利回り9%前後、関東圏だと利回り8%、首都圏で低い人だと利回り5・5〜6%台ということもあります。

利回り6%程度という人は、新築の土地付きの建売アパートを買っているケースが多いです。そんなに儲からない不動産投資に対して、なぜ融資が付くのかといえば、物件の力は低いものの、本人の属性は良く、医師や上場企業の会社員だからです。社会的な信用があるので、物件のそこまでの価値が一切なくても融資を受けられるのです。

私のコンサル事例としては、利回り6・5%で新築の土地付きの建売アパートを買ったものの、新築プレミアムで家賃が高く設定されており、実際に引き直すと利回り5・8%まで下がったという人がいました。その人は、結局利回りを1%上げて売却することができました。

どのように売却先を決めるかといえば、できれば「もっとも高値売却のできる買主を見つけたい」これが大前提となります。

ウッドショックの影響で物件価格が高騰!?

そもそも現在の市況は融資が受けにくく、一般的に中古物件は買いづらい状況であり、それは売りづらい状況を意味しています。

そうはいっても不動産価格は下がるどころか、むしろ上昇しています。

これから先も価格は上昇基調だと私は考えています。その理由は世界的なウッドショックです。当初は早い段階で解決すると思われていますが、あと1年半から2年は影響が続くと予想しています。

木材は、国産と海外の割合がだいたい「2対8」といわれています。いかに海外に依存しているかがわかる数字です。

ウッドショックの影響を受けて、中小の建築会社、工務店では倒産する会社も出てくると思われます。例えば、木材の価格が高騰したとしても、すでに契約済みの案件は値上がり分を消費者に負担させることはできません。

「２０００万円で建てるという契約になっていたのに３０００万円になった」となれば、消費者保護の観点でも問題です。つまり値上がり分は業者が負担しなければなりません。中小零細の会社であれば、致命的なダメージになる可能性も十分あります。

ただ、私はそういうピンチこそ、逆に売れる時期だと考えています。

アパートなどの収益物件は、もちろん融資が出れば売れやすくなりますが、融資が出ない時期でも、一定数の需要が常にあるため売れるのです。

現状、需要よりも供給が多く、新築アパートがどんどん出てこないので、１年程度は確認申請だけ取って建築がストップしている現場も多々あります。

そして今後は、ウッドストックの影響により、高くても売れる状況がさらに加速すると考えられます。

ただ別の考え方もあり、ウッドショックによって新築が供給しづらくなると、当然建物単価が上がります。

現在はそもそも融資が厳しく、自己資金の割合も多く求められるようになっているので、どうしても売れづらくなります。そして新築はさらに供給が減っていくわけです。そのため、中古にまた戻ってくるという予想もできます。

数年前の融資が積極的だった時代は、中古にも融資が付いたため、おそろしい勢いで中古物件が買われました。

結果、中古が高くなり過ぎて、「それだったら新築のほうがよくないか」という話になり、新築が流行ってきたという歴史があります。当然、新築のほうが融資は出やすく、特に木造だと30年、35年出ることもあります。しかし今後はウッドショックで新築の価格が高くなって買えなくなれば、中古に流れが戻る可能性は高いです。

ガラパゴス化している日本の法定耐用年数

ただ、これは日本の悪いところでもあるのですが、日本の税制では、中古に比べて新築のほうが優遇されています。これにより古い建物を活かすのではなくて、どんどん新しく建て替えることが主流になっています。

例えば、「住宅取得控除」といった税控除の制度も、新築にはありますが中古はありません。固定資産税に関してもそうです。日本は国策として新築を売りたがっているわけです。

これが海外の先進国だと、年間の新築件数を規制しています。

しかし日本はこれから人口が加速度的に減少していくにもかかわらず、相変わらず新築を増やす体制なのです。

ですから当然、空き家も増えてくるわけですが、一方で空き家対策にも税金を投入しているという矛盾を孕《はら》んでいます。要するに、日本の都市計画はグローバルスタンダードとは大きくかけ離れているのです。

賃貸借契約に関しても、戦後すぐに制定した法律に沿っているので、今の現実にはそぐわない点も多く出てきています。戦後から高度経済成長にかけて行われた「どんどん人口を増やし、どんどん家を建てる」という戦略がいまだに前提となっており、明らかに今の時代とは齟齬《そご》が生じています。

そうした背景もあって、日本人は海外の人よりも新築を好む傾向があります。マイホームでも賃貸でも、新築と中古があったら、ほぼ確実に新築が選ばれます。

しかし、「経済を回す」という視点でいえば、新築にこだわらず中古物件のリノベーションでも同じはずです。木造でもRC造でも、設備を入れ替えたりリノベーションを施したりすれば、新築同様になります。

問題としては法定耐用年数に融資が紐づいてしまっているので、リフォームを前提とした中古マーケットが伸びないのだと考えられます。良くも悪くも減価償却が足を引っ張っているわけです。

海外なら古い物件でもしっかり減価償却がとれますし、アメリカだと物件に対してリノベーションなどを行えば資産価値的な部分も加味してくれます。

しかし日本の場合は、資産を簿価に乗せることはできますが年数が伸びるケースは少ないです（鑑定士を入れて、融資年数が伸びるケースもあります）。

多くの金融機関では「築50年ですが、大規模修繕も既に3回実施し、新品同様ですよ」と言っても、良い融資条件は受けられません。賃貸で出す場合も、「築50年」と書くと中はフルリノベーションして新品同然であっても中古扱いになります。

減価償却の需要を狙う

このように融資で法定耐用年数が足を引っ張ることもありますが、この法定耐用年数を逆手にとった節税方法もあります。

そのため不動産売却のニーズに「減価償却の需要」があり、この層は一定数いるので、高値売却できる可能性があります。

具体的には、法人保有を考えている株式会社の需要もありますし、個人（年収３０００万円のエリートサラリーマンなど）の需要もあります。

ただ後者の場合、常に悪徳業者がカモとして狙っているため、すでに物件を融資限度枠まで買っているケースも多いです。そもそも個人投資家の場合、どれだけ高所得であっても、価値の低い物件に対しては、銀行は融資をなかなか出しません。

したがって、売上が出ている法人が基本的にはターゲットとなります。

具体的には、大手ではなく中小企業です。コロナ禍でいうと、マスクの製造会社、医薬品会社、リモートワークの普及に伴って需要が増えたＩＴ企業などが挙げられます。

そうした会社は売上が出たとき、必ず税金対策を考えます。そこにアプローチしていくわけです。不動産会社を経由せず、自分から営業をかけてもいいでしょう。

個人で売却活動する場合、経理部などに物件の概要書をひたすら送ります。価値の低い物件のために不動産会社は営業をしてくれませんから、オーナーにはそうした努力も必要です。

減価償却についてわかりやすく解説すると、スルガ物件の場合、重量鉄骨造で20年程度のスペックが多いので、残存年数に対して減価償却により経費計上できるため、その会社からするとお金を儲けながら節税対策ができるわけです。

これが個人投資家の場合、お金を儲けるところにフォーカスされてしまいますが、法人になれば儲けることよりも「損しなければいい」「ちゃんと稼働していればいい」と収益性に対してはそこまで求めることなく、何より節税をメリットに感じている点が大きいです。

また、前述したように個人の高額所得者はすでに悪徳業者に買わされている可能性も高いです。仮に3000万円の年収といっても、個人だと現金はそこまで持っていないため、融資を受ける必要性があるわけですが、そうなると厳しくなります。

一方、中小企業であれば、まとまった現金を持っているケースが多く、たとえ1億円の物件でもお手頃価格と見てもらえることが多いです。それを仮に10年だとしたら年間で数百万円ずつ経費計上できるので、非常に効果的な節税対策だという見方をされます。

また、節税商品である保険も現在では使えなくなっているものが多く、いろいろな縛りがあるので、その意味でも不動産による節税は鉄板の税金対策といえます。

地元で買い主を見つける

加えて減価償却の需要でいうなら、その物件が建つエリアの地元企業に営業をかけるのも有効です。そうした地方の家族経営の企業経営者や、中小企業のオーナー社長だと、都心の物件ではなくて地元の物件を購入したいというニーズがあります。

これは地主も同じで、資産の組み換えなどで新たに物件購入を考えた際に、地元を好む傾向にあります。

そうした会社や地主は必ずいるはずなので、その市で見つからなくとも隣の市や県内、隣県まで幅を広げたら買主が見つかる可能性は十分あります。特に、東海や関西では、同じ県内でなくても隣県くらいまで広げて購入するケースが見られます。

また、サラリーマン投資家に比べて地元の地銀や信用金庫など金融機関としっかりした関係が築かれているというのも特徴です。地元の優良企業であれば、個人投資家では一切出ないような価値の低い物件に対する融資も、その企業の取引実績などの信頼で借りることができます。地主もその土地に根付き不動産をたくさん所有していますから同様です。

結局、金融機関にとっても不動産の融資は、一番底堅い選択肢です。借り手が優良企業ならなおさらです。年収800万円のサラリーマンが1億円の物件を買うことと、年商10億円の会社が1億円の物件を買うのでは話が全く違ってきます。

また買う側からすると、スルガの抵当が外れたら、その物件は一回クリーニングされたことになるので、そこが最大のメリットといえます。きちんとした利回りで経営も安定していれば売れるからです。利回りが多少低くても、スルガの抵当がないだけで金融機関の幅はもっと広がります。

つまり、買った会社は数千万円の減価償却の効果を享受できますし、そこまで高利回りではないものの、家賃をもらえます。

現金で購入していれば金利はかかりませんし、時が来ればスルガの抵当権が外れて地元の信金や地銀で融資を受けることができ、金利は1%前後になります。そして売却時は、地元企業が普通に運営していた物件という形にクリーニングされているので、買い叩かれる恐れもありません。

隣の土地所有者も買い主候補になる

売主の営業先は、所有アパートの隣の土地所有者も候補になります。意外と隣地の人が資産家という可能性もあります。

価値の低い物件でも、相場が5000万円で地続きだったら6000万円、7000万円と高値で購入する可能性があります。まして角地や、接道義務を満たさない再建築不可の隣地があれば大化けするかもしれません。

可能性を整理すれば、まず隣の家が角地だったら横の土地を買うことで、まとまった大きな土地になり所有者は得をします。例えば、戸建ての人が建て替えて「大きな賃貸併用住宅を建てたい」「二世帯住宅を建てたい」という需要もあります。これが王道パターンです。

次に、その人が地主で近所のアパートをたくさん持っており、近所に寄せたいという需要もあります。つまり資産の組み替えです。地主もある程度の年齢になると、資産を組み替えるなど考え始めるので、その中で家の近所に収益物件を寄せたいという需要もあります。

そして数は少ないですが、2メートルの接道義務を満たしていない土地があれば、前面道路に面した物件が合わさることで価値が高まります。

このように、どれだけ価値が低い物件でも化ける可能性があるのです。

実際にあった事例を紹介すると、地続きで持っているオーナーが営業をかけたところ、相続対策で5000万円のアパートを持っていて、それを購入したところ一石三鳥になったケースがあります。一石三鳥とは、「地続きで土地が手に入る」「相続税対策にもなる」「キャッシュフロー」が得られる」の3つのメリットを享受したということです。

補足説明すると、まず地続きの土地が手に入ることによって、まとまった土地になります。例えば、長細い土地だったのがまとまることで正方形になれば、同じ住所であっても地形が良かったり、道路に接道している面が広かったりするほうが価値は上がります。

さらに相続税対策でいうと、現金よりも土地のほうが相続税評価は下がります。

加えて駐車場など更地で所有しているよりも、建物が建っているほうが節税効果は高く、その建物を人に貸したほうがよりメリットがあります。その結果、中古アパートを取得することで、相続税が半減するケースもあるのです。

併せて所有時にはインカムゲインとして、キャッシュフローを得ることができます。仮に利回り6%でも、金利が0・01%や0・025%といった普通預金で預けておくよりは1000倍以上利益が出ます。

固定資産税などのコストを差し引いたとしても、金利のかからない現金で買うならばキャッシュフローはプラスになります。

つまり、一般的には価値の低い物件を買ったとはいえ、その人にとってはお宝物件なのです。「見方によってそれがお宝にもなる可能性がある」ということです。あなたにとって価値の低い物件が、他の人にも同じように見えているとは限らないのです。しかし、そこに気づいていない人が大半です。

時期によって出口の結果は異なる

物件売却した際の買主には、一般の投資家や法人だけでなく、物件を買取する不動産会社もいますが、その業者が物件を欲しい時期によっても価格は変わります。

例えば「1月は5000万円だけれど3月は5500万円」という違いがあったりします。

特に決算時は取引高を上げたいため、利回りよりも売上目的で買取する会社が多くあります。

そのため、タイミングによっては購入目線が甘くなったり金額が多少割高であったりしても許容されます。

このような会社は上場企業で契約もすぐに入り、決済も早いです。ですから、四半期に1回と本決算のタイミングで売却を狙えば、「過去にはこの金額しか出なかったけれど、今回は高値が出た」というケースもあるのです。

そうした意味で、不動産会社の決算期を狙って売却するのは重要な戦略といえます。

出口のカギを握るのは銀行融資だが……

繰り返しになりますが、出口戦略では融資がカギを握ります。

まず銀行評価の基準は、積算法と収益還元法で評価します。

積算法は土地と建物から物件価値を割り出すものであり、いわば担保価格といえます。一方、収益還元法は物件から得られる利益から計算した価値です。この2つを組み合わせて銀行は融資の可否を判断します。


多くの場合、スルガ物件は積算評価が低く、最初は収益評価も低いといえます。収益部分は努力で上げることができますが、積算部分は努力で上げることができないため、現金買いしてくれる人など、物件の力ではなく自分の力で融資を引ける人を探さなければなりません。

これが大前提となります。

ただ、スルガ銀行で借りている物件は、融資審査が厳しくなります。行政指導のあった銀行の抵当が付いている物件は、いわば〝爆弾物件〟であり、他の銀行もリスクを避けたがります。

また、不正融資が発覚された結果、かつては前述したように物件を積算と収益の2つで評価していたのですが、今では「中身」も審査するようになっています。より一層、銀行の審査が厳しくなっているといえるでしょう。

例えば、某銀行は不動産専門のデータ会社である東京カンテイの情報を元に価値を出しています。利回りが8%でも、東京カンテイからの家賃を引き直すと2%下がるので、融資が出にくくなるのです。東京カンテイのデータを使っている銀行は増えています。

東京カンテイのデータによる評価のメリット・デメリット

東京カンテイのデータは、一部の投資家にとってかなり厳しいといえます。例えば、築5年、徒歩5分、1K、25平米という条件であっても、間取り（長方形なのか正方形なのかなど）、日当たり、階数によって価値は変わります。

一般的に、1～3階までは南向きで隣の建物が被るものの、4階以上は眺望が良い物件があった場合、1～3階と4階以上では家賃の差が激しくなります。

しかし東京カンテイの場合、今ある物件の平均成約率と単価などの平均値を出します。わかりやすい例でいうと、「ホームズ見える賃貸経営」の相場家賃のデータに近いイメージです。

同じ20平米であっても、細長い部屋だと居住部分が少なくなるので使いづらく、生活導線も確保できていなかったりする一方、正方形なら居住スペースが取りやすいですし、生活導線も使いやすくなります。このように同じ広さの部屋に入ったとしても、印象や住みやすさは大きく異なるのです。

また、リフォームの程度も物件によって違います。キレイな物件もあれば、ほとんど直していない物件もあります。

このように物件の価値は、広さや家賃だけで一概に決められるものではありません。しかし、そうした条件を無視して平均値を出すのが東京カンテイのデータなのです。

これは「頑張って家賃を上げても、それを見てもらえない可能性がある」ということです。

逆に、古い物件やスルガ物件のような価値が低い場合、周りのデータに助けられて評価が出るパターンもあります。

つまり、頑張って家賃を上げたのに、周りの築古に引きずり降ろされるケースもあれば、逆に新築、築浅でポテンシャルが高い物件が周りにあって平均値が上がるケースもあるということです。

実際、「ホームズ見える賃貸経営」でも新築物件の家賃相場が混ざった数字が出てくるので、築古物件からすると家賃相場が高く出ます。本当は家賃2万円の物件もあるのに、「平均家賃3万5000円」になったりします。築古はそういう意味で助けられるため、一概に悪いとはいえませんが、いずれにせよ「個別では見てくれない」ということです。

銀行としても、金融庁からの指導もあるので、しっかりとしたエビデンス（根拠のある数字）を用意して、「第三者の信頼できる機関が決めた数字を参考にしています」と言いたいわけです。

ただ、そのエビデンスがアットホームやホームズなどのポータルサイトだと弱く、東京カンテイはそうしたデータを専門で取り扱う会社のため、そこを元にして融資を判断しているのです。

それでも、前述したように東京カンテイのデータは「平均値」となるため、現状の家賃が10万円なのに東京カンテイのデータだと8万5000円で出たりします。こうなると、その時点で利回りが1％以上変わってきます。

そういう意味で、一番厳しいのは、築浅の新築アパートでスルガ銀行から融資を受けているケースです。評価も厳しいし、高く付いているし、積算も低い。収益還元も引き直すと悪くなる。さらにスルガ銀行の抵当権も付いている……良いところがないのです。

逆に古いと、積算は届かなくても収益還元は上がるケースもあります。

こうした融資事情は、四半期に1回くらいのペースで変わっています。特に3月と9月は変更することが多いです。

一般的には、現況の賃料にストレスをかけて算出する銀行が多いです。しかし銀行によっては、東京カンテイなどのエビデンスから賃料を出して、そこから入居率を下げ、金利にストレスをかけて数字を出します。そのため、満額融資からは程遠いのが現状です。

バブル崩壊前後に建てられたマンションの特徴

そうした現実は、投資家にとって「得」でもあり、かつ「損」でもあります。

得とは、前述したように「減価償却の残存が少ないことに対してメリットを感じる人たちもいる」ということです。例えば、耐用年数切れでも中がキレイで融資が付きにくいから格安になっている可能性もあります。

損とは、「築古物件を持っていると、価値がないと見なされ融資も付かなくなる」ということです。

スルガ銀行が好む築年数があり、当社が管理している一番古い物件が築42年です。設備に関しては今後5〜6年で壊れてくるところが出てくると思います。多くは築20数年の物件か、あとは新築物件です。

そうした物件は今後どうなるかと言うと、建物の中については調査をすると、約30年前に建てられた物件は頑丈でしっかりつくられているケースも多いです。約30年前というのは、昭和60年代後半から平成初期です。もちろん新耐震基準なのですが、基礎がしっかりしており、逆に現代の適当なハウスメーカーに建てられるよりも良かったりします。

当時の物件は、核家族化も進んでいたので、親と兄妹が2～3人いて部屋の数が求められました。間取りでいうと、３ＤＫや４ＤＫが主流でした。

ただ、約30年前のマンションは、設備が特注で交換するときに高くつく恐れがあります。そういう意味で「躯体はしっかりしているものの、設備は無駄にお金を使っている」ともいえます。

また、関東におけるバブル期だと、当時は建てる場所がないので、どんどん郊外に大規模な物件を建てていきました。しかし、今さら郊外に大規模物件を建てることはまずありません。

ですから、そうしたスルガ物件の地方の大規模物件でも、場所がそこまで悪くなければ、家賃を上げられる可能性もあります。

というのも、そのエリアに木造が多ければ、その中である程度キレイなＲＣ造が家賃を牽引していくからです。そのポジションを取れれば、近隣にある量産アパートメーカーよりはアピールできる可能性があります。

そして、スルガの抵当権さえ外れれば、その物件は「クズ物件」のレッテルがはがれて普通に売買できるようになります。

あとはもちろん、耐用年数に関する法律が変わればいいのですが、そんなに大きな変更はないと考えたほうがいいでしょう。

出禁だからこそ金利交渉にチャレンジ

赤字経営から満室稼働させて黒字化できれば、本来であれば借り換えを視野に入れますが、スルガ銀行の融資を受けている投資家は、2018年以降あらゆる銀行から出禁になっています。この背景には、スルガ銀行の不正融資とも金融庁からの指導が関係しています。

そもそも5年未満に借り換えや売却をすると高いペナルティが発生しますから、利益が出る形での売却と借り換えはお勧めしません。

ただし、これが金利交渉であれば期間は関係ないので、まずはスルガ銀行に金利交渉をしてみましょう。

金利交渉では、まず金融機関の担当者に交渉します。私の経験上、1〜2年ほど経過していたら金利交渉は9割以上の確率で成功します。

金利交渉のコツとして、よく「対抗馬を出したほうがいい」といわれます。例えば、「他の銀行からこんな借り換えをしてほしいと言われた（実際に言われたわけではない）」などと駆け引きするわけです。

そもそもスルガ銀行は出禁ですから、対抗馬は出せませんし、私自身はこうした駆け引きは一切必要ないと考えています。

駆け引きをするくらいなら、「御行とのお付き合いが2～3年目になってきたので、キャッシュフローも貯まってきたことですし、より一層収支を改善していき、今後もお付き合いを続けたい」と伝えるべきです。担当者がどういう人間なのかを見極める必要がありますが、いずれにせよ最初の一歩は「良くしていきたい」というアプローチでいくべきです。

そして一方的にお願いをするのではなく、「金利を下げていただけるのなら、御行の金融商品を買ったり、定期を積んだりします」などと交渉材料を用意します。

例えば、「今、キャッシュフローが年間100万円貯まるようになったので、100万円以上の余剰分は定期に入れます」などと説明するとグッドです。定期でそんなに取られるわけではないので、オーナーとしてもデメリットは小さいです。

そうした交渉をすれば、金利を下げてもらえる可能性は十分にあります。スルガ銀行だとスタートは金利4・5％や3・5％が多いのですが、1％の交渉は思った以上にハードルは高くありませんし、当社のお客さまでスルガ銀行の金利交渉に失敗した人はいません。

これがスルガ銀行でなければ、金利交渉は1～2年後に行い、借り換えは融資情勢やペナルティの内容にもよりますので、状況を見極めて実施するのが望ましいといえます。

なおスルガ物件であっても、数年間きちんと稼働させて収益を上げていれば、借り換えできると思っていた人は多いはずです。

現在、借り換えは難しいですが、オーナーの努力で継続できれば収益物件として再生されますし、それが認められて借り換えができるようになれば、それは「クズ物件」ではありません。

COLUMN 4

コラム④

スルガスキーム失敗からのリカバリー事例❷

スルガ銀行で買って失敗をしているケースは地方が中心ですが、首都圏、特に横浜でも比較的に多いです。よくあるのが次のような例です。

- **購入年2017年**
- **横浜の新築RC**
- **利回り6%程度**
- **金利3・5%**
- **物件価格1億5000万円～2億円**
- **土地20坪**
- **5階建て**
- **近隣が商業エリアなので日影規制を避けて8部屋**

こうした条件の物件は、本来なら資産家が相続対策で買うものです。土地が小さいけれども建物がRCで評価が出るので都銀が好みます。しかし

首都圏であれば、会社員でも積極的に新築RCのフルローンを受けられるのはスルガ銀行以外にないため、このような条件になってしまうのです。

ちなみに、前述のような物件を買った人の場合は、場所が良いので常に満室だったりします。実際に表面利回り6％、金利3・5％で買った人は、金利交渉をして2・5％に下げることができました。

これは家賃を上げて7％にできた功績が大きいです。そのため、イールドギャップ（利回り－金利）が4・5％になっています。入居率は高いですし修繕費もかからないので、スルガ銀行で借りた投資の中では成功事例といえるでしょう。

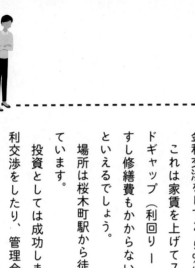

場所は桜木町駅から徒歩5分です。立地は抜群に良く、1階は店舗になっています。

投資としては成功しました。ただし自分で家賃を上げようとしたり、金利交渉をしたり、管理会社を通さずに対応したり、とにかく勉強して這い上がったパターンです。立地が良いので、退去が発生するたびに家賃が上

がっているそうです。

家賃10万円から５０００円上げるだけでも、８部屋あれば月に４万円、年間で48万円のプラスになります。利回りも大幅に改善するでしょう。

その人は家賃を上げるために勇気を振り絞り、管理会社の反対を押し切って広告を出しました。やはり行動に移したのが成功につながったといえるでしょう。

ちなみにこのケースでは、もともと利回り７％で金利３・５％だったので、税引き後には若干マイナスの状況でした。しかも個人で買っているので、初年度は諸経費で多く落とせましたが、翌年以降は累進課税で個人の所得が増えてしまいます。

ＲＣなので落とせる経費も少ないわけです。「桜木町、徒歩5分、新築ＲＣ」と聞くと、地方で買うよりも断然良いと思いがちですが、実際はキャッシュフローがゼロの失敗例です。都会型物件でも、こうしたケースはよくあります。

第5章

サラリーマン投資家が知っておきたい不動産経営の税知識

不動産投資でかかる税金の種類

第5章では、税理士法人ＯＣパートナーズ、杉木先生監修のもと、サラリーマン投資家が知っておくべき税知識を解説します。

まず覚えるべきは、不動産にかかる税金の種類です。

✔所得税

✔不動産取得税

✔登録免許税

✔印紙税

✔固定資産税・都市計画税

✔住民税
✔相続税
✔個人事業税
✔消費税

相続税や消費税など関わらない人もいますが、この10種類が大まかにかかります。

これらを見て「意外なところに税金がかかるんだな」と驚いた人も多いはずです。これはキャッシュフローや利回りなどの数字にこだわっているものの、税金に着目している人が少ないからといえます。

それぞれを深掘りすると、まず不動産取得税、登録免許税、印紙税など購入時にかかる税金があります。

不動産取得税は購入してから半年後くらいに納税することになります。忘れたころに通知が来るので注意しましょう。

登録免許税と印紙税は売買時にかかります。買うときも売るときもかかるのがポイントです。

税金には、管理費や共有部の水道光熱費などのランニングコストのように定期的にかかるものがあります。それが固定資産税と都市計画税です。

また、所有する法人や個人にかかる税金としては、住民税、個人事業税、消費税、法人所得税、所得税があります。

そして亡くなった際にかかるものとして相続税があります。

なぜか儲からない人の原因は「税金」

相談者で多いのが、そもそも税金やランニングコストを把握しておらず、購入後に「お金が残らない」と困っているパターンです。家賃が入ってきて、銀行の返済や管理費や固定資産税などのコストを引くと、その時点でマイナスになってしまう……。そうした基本的なことを知らない人が実は多いのです。

これは勉強も調査もせず、不動産業者に言われるがまま買っているからです。

購入時の収支シミュレーションを見せてもらうと、スルガ物件を持っている多くの人の返済比率が70～80%という状況です。よくても65%で、65%未満の人を見たことがありません。

物件価格の低いかなり昔に買った人や、いわゆるボロ物件に最初から投資している人は返済比率30～40%ですが、フルローンで買っている人だと70%が標準です。中には、買ったときは75%だったのに、購入して1年経ったら半分退去してしまい、次の入居者が付いたら返済比率が90％になって当社に相談に来る人もいます。

返済比率が90％ということは、固定資産税やランニングコストを引けばマイナス収支になることが大半です。

節税目的で不動産投資を行うと確実に失敗する

読者の皆さんに知っていただきたいのは「不動産投資の本来の目的は節税ではない」ということ。節税のために不動産を買うべきではないのです。

それでも不動産投資を所得税対策で始める人はたくさんいます。

しかし、税金対策で買った人はほぼ確実に失敗しています。よくあるのが「税金対策にはなったものの、空室が多く家賃が入ってこない」というケースです。

とあるサラリーマン投資家は、所得税対策で収益不動産を購入し、たしかに節税はできました。ただ、空室だらけで持ち出しも発生していれば、マイナスの収支になるのは当然の話です。

しかし、自分では失敗に気づいていないのです。

例えば、「賃貸経営でマイナス100万円だったが、所得税の還付は130万円だったので、プラス30万円になっている。自分の運用はうまくいっている」と思い込んでしまっているのです。そのため、その人からの紹介で3人ほど買った人がいます。紹介者は業者から紹介料までもらっています。

そもそも税金が安くなるということは、赤字が出ているからであり、儲かっていない証です。それが簿価で下がっていても、手元のお金も少なくなります。

よく高所得のエリートサラリーマンがワンルームマンションを買って、1年目は多少儲けが出るものの、それは赤字だから税金が戻ってくるだけの話です。そして2～3年目以降はどんどん損失が大きくなります。

ちなみに、節税をしたいのならワンルームマンションにこだわる必要はありません。木造の新築のアパートを買えば普通に利益を出せますし、22年で減価償却もできます。ですから、根本的な間違いをしているのです。

何でも経費として計上するのは危険

続いては不動産投資における経費の種類です。不動産投資における経費には、次の種類があります。

- **ローン金利**
- **修繕費**

- ✔保険料
- ✔固定資産税などの税金
- ✔管理会社への管理委託料
- ✔司法書士や税理士への報酬
- ✔広告宣伝費
- ✔仲介手数料
- ✔通信費
- ✔交際費
- ✔管理費
- ✔減価償却費
- ✔旅費交通費

この中で何が経費にできるかを考えるのですが、サラリーマン投資家の場合、経費計上の経験がないため、利益を減らして税金を少なくすることを狙って何でも経費に入れる人が多いです。

結果、赤字決算になって融資が借りられなくなったり、銀行からの印象が悪くなったりします。そもそも不適切な経費計上は税務署から認められません。

そのため経費の境界線をよく知っておく必要があります。

知っておきたい税務上の考え方

ここでは、法人・個人ともに共通する「税務上の考え方」をお伝えします。サラリーマン投資家の間で、まことしやかに「○○は計上できる、できない」など、さまざまな話がありますが、経費に対しての認識基準は次のようになります。これは不動産投資だけでなく、事業全般に対する共通のものとなります。

○経費の範囲

事業との関連性があるか否かで判断されます。

○事業の関連性

収入と費用の因果関係が成立しているか否かで判断（原価／直接費）されます。

○家事消費の関連性

個人的に利益を享受しているか否かで判断されます。

○事業の関連性の証明

事業に関連性があるか否かを判断するには、直接経費と間接経費があります。直接経費は証明が簡単なものとなります。間接経費は事業関連性を納税者が証明（説得）しなければなりません。

例えば作業着としてユニクロで衣類を購入して経費にしたとします。実際に作業で使ったとしても、使用後に個人的に使用でき得るものであるため、家事消費への関連性を排除できなければ経費として認められないことがあります。

○同業者との比較

税法の大原則として【課税の公平】があります。一方はOK、他方はNG、これは認められません。その矛盾を解消するため、税理士などは裁判の判例、同業者との比較などにより経費の範囲を決めています。

○裁判の判例により判断

「スーツは経費にならない」といわれている根拠に、サラリーマン税金訴訟とも呼ばれている「大島訴訟」が有名です。このように裁判所の判断をもと、経費の範囲は決められています。

COLUMN 5

コラム⑤

レオパレス物件の失敗例

私のコンサルしたケースで、節税のために築30年のレオパレス物件をスルガ銀行から融資を受けて購入したオーナーがいます。

ニュースになった界壁の施工不良問題を覚えている方も多いと思いますが、この方の物件も界壁に瑕疵があり、私の元に相談に来たときは10世帯中3世帯しか埋まっていませんでした。しかも、その3世帯はすべて生活保護者でした。

そのオーナーは上場企業に勤めていて、年齢は40歳くらいです。有名女優、藤原紀香が出演するCMが放映され、レオパレスの勢いが強かった当時、その人は家具家電付きのレオパレスに住んでいたそうです。

レオパレスといえば欠陥が見つかる以前から「安普請《やすぶしん》なアパート」というイメージが強いですが、実際に住んだ経験のある人は、レオパレスに対

して意外と良いイメージを持っており、その人も例外ではありませんでした。

例えば、独身サラリーマンが昇格して家賃を払えるようになって、ワンルームから１ＬＤＫに引っ越すときも、結婚して２ＬＤＫ、３ＬＤＫに引っ越すときも、レオパレスは有力な選択肢でした。

というのも、仲介手数料など初期費用がかからないからです。それに家具家電付きなので、部屋が合わないと思ってもすぐに引っ越せます。

そのため家賃は少々割高なのですが、一度レオパレスに住むと、そのまま引越し先もレオパレスに住むという人が一定数います。

実際のところをいえば、今でもある「レオパレスクラブ」と呼ばれる入居者コミュニティに参加しなくてはならず、その会費がかかりますから、

厳密にいえば無料で引っ越しできるわけではありません。また、施工不良がなくても壁が薄いなど住環境は決して良いとはいえません。
いずれにせよ、そのオーナーは自身がレオパレスに住んだ経験もあり、レオパレスの物件が良いと思ってオーナーになったという経緯がありました。

この問題を抱えたレオパレス物件に対して、私が提案したのは、まず稼働率を上げることでした。ただ、レオパレスのままだと印象が良くないので、最初に物件名を変更しました。

ちなみに今、レオパレスの負担で界壁の瑕疵を直すという話がありますが、いまだに1～2割程度と進んでおりません。

これは本当にひどい話で、そもそも危ないから工事が必要という状況なのに、工事も目処が立たないし、一方的に文書を送りつけてきたりしているのです。オーナー側からの裁判もいくつあるのかわからないほど起きています。

その人が良かったのは、購入した物件と条件は最低ともいえるレベルだったのですが、会社員として年収が高かったので、お金をかけることができました。

自分で５００万～１０００万円出して界壁も直し、外壁塗装も行い、第三者を入れて物件再生しました。

結果、今では満室経営ができています。ただ、スルガ銀行への返済が10年目で金利４・５％なので残債がさほど減っていません。それでも順調にキャッシュフローを残せるようになったので大きな改善といえます。

第６章

今後の不動産投資を考える

時流の変化の見極めが必要

そもそも、なぜスルガ物件を購入して失敗したのか。それを端的にいえば、「業者が利益を乗せている物件を、融資付けのファイナンスアレンジで購入してしまった」ことが最大の原因です。

スルガ銀行を使って相場よりも高い物件を、情弱サラリーマンに売りつけていた業者の中には「金融機関が融資を出すのだから、良い物件に決まっている。そこを疑ってはいけない」という理屈で営業をしている営業マンもいました。

実際、スルガ銀行は個人だと属性で借入額を算出し、物件の良し悪しは加味せず、融資をしていました。

スルガ銀行の例は極端にしても、多くの銀行はある程度の規定を設けています。その融資限度額まで業者は利益を乗せながら商品をつくっています。大手の場合、広告宣伝費もかけています。そうしたカラクリを知っておくべきです。

不動産投資は、契約書に印鑑を押せば儲かるといった安易なものではありません。その当たり前を知らず、自身も勉強しないまま営業マンのトークを鵜呑みにしたからこそ失敗したのです。

そこから状況を好転させるには、しっかりと知識をつけて、自ら行動を起こすしかありません。

不動産投資が良いところは、「時が解決してくれる部分もある」ということです。

たとえ思うように売れなかったとしても、時間が経てば残債は減っていきますし、しかもその残債は入居者が返してくれるわけです。ですから、稼働率を上げてキャッシュフローが出れば、なんとか乗り切れます。

今すぐに売れなくとも、融資の時流は必ず変わります。未来永劫同じ基準でいくことはなく、何かのきっかけで変わる可能性も十分あります。

もちろん、変化の中でも家賃が下落したり人口が減少したりすることには危機感を持つべきです。しかしポジティブな変化も一方ではあるわけです。そのチャンスを逃さないよう、潮目が変わったときにチャレンジできるだけの準備を今からしておきましょう。

自分のスタイルを確立すべきだが……

不動産投資では、区分マンションで成功している人もいれば、新築の木造アパートや築古一棟マンションの再生で成功している人もいます。

手法はさまざまあるのですが、一つのことを長く続けている人は上手になる傾向が強いです。目移りして自身の戦略にブレが生じると、やはり安定感がなくなってきます。

とはいえ、私自身はどれかに絞ることなく、バランス良く賃貸経営をしています。ワンルーム、中古アパート、地方の築古RC、都心の築浅RCを所有していますし、自分で新築もつくります。また、オフィスビルも地方と都心で持っています。

結局のところ、「これが絶対に正しい」という正解はなく、その投資家の好みの問題でもあるのですが、いずれにせよ不動産投資では、自分のスタイルを確立したほうが成功しやすいといえます。やり方がわかったうえで、物件を「安く買う」ことができれば、基本的に失敗する可能性は低くなります。

ただし、「安く買う」というのは非常に難しいです。

割安な物件・利回りが高い物件があったとしても、既存不適格・耐用年数オーバー・土地の権利関係が複雑など、別の銀行融資が通らない要素を持っているものです。

過去を振り返ると不動産投資がブームになる以前であれば、都内でも利回りは10％近くありました。一都三県まで広げると、11〜12％にもなりました。

そこに自己資金を10〜20％入れて、家賃に対してストレスをかけ、金利を4％もしくは4・5％で計算し、1円でも黒字になったら融資をするというのが銀行の審査基準でした。この場合、キャッシュフローは10％ほど出るので、不動産投資として成立します。

しかし、アベノミクスが始まった2012年から2018年くらいまでの不動産にお金が流れるようになった期間で、その審査基準は大きく変わったのです。結果、物件価格が高騰しており、不動産投資で儲けるのは以前に比べて難しくなりました。

その後、融資の引き締めがあり、現在も融資が引きづらい状況であることに変わりはありませんが、それでも不動産投資の人気は高まっています。

その理由は、「他に投資する先がないから」です。

あらゆる投資の中で、不動産投資が一番手堅いのは事実で、株やFXのようにリスクが低く、ビットコインと違って実態のある資産です。

借金をする・大きなお金が動くという心理的ハードルはありますが、そこを越えてしまえば手堅いため、今の人気があるといえます。そのため融資が難しい状況、かつコロナ禍の今であっても不動産価格は高いのです。

融資が付く物件の中で買える物件を精査

先ほど「今は相場が高い」と書きましたが、おそらく数年後には下がり始めると予測します。ただ、そのときが「買い」のタイミングかというと、それはわかりません。

そもそも投資物件は指値して相場を下げていき、買い進めていかなければ利益は出ないものです。つまり、「安く買って、高く貸して、高く売る」ことにどれだけ執着できるかが重要です。利益を出している人は根気強く買うための行動をとっています。

ただし繰り返しになりますが、安く買うのはハードルが高いです。たくさんの情報を取りに行かなければなりませんし、お金も用意して常に臨戦態勢で挑む必要があります。ましてや不動産業者は、それを本業で行っています。そんな中で、素人が安い物件を買うのは至難の業です。ただ、相場を把握し、少しでも安く買える努力はすべきです。

もう一つの考え方は「買える物件を買う」です。しかしこれには注意点もあり、現実には「融資が付くから」という名目で買った人たちは皆失敗しています。

ただ、そもそも融資が付かないと、買えないのも真実です。そこで「融資が付く物件の中で買える物件を精査する」という姿勢が大切といえます。

例えば、スルガ物件を買って成功している人もたくさんいる一方、失敗している人もたくさんいます。その差がどこにあるかというと、「融資が付く物件＝買っていい物件」と判断したかどうかだと思います。

具体的にいえば、スルガ物件ではなく積算物件で収益性がそこそこあるもの。積算はないけれど高収益物件などです。

また、時代によって地方が出やすかったり、都会は出にくくなったりします。築古に出やすいタイミング、新築に出やすいタイミングもあります。こうした「今、どの条件に融資が出やすいのか」を把握し、それを踏まえて判断することが大切です。

「自分でつくる」ことの重要性

今後、しっかりと不動産投資で利益を得ていきたい人に対しておすすめしたいのは、物件を「自分でつくる」ことです。

土地を相場で購入し、しっかりとエリアの市場調査を行い、工務店で安く建てます。この際、ある程度コンセプトを決めるのが良いでしょう。
できちの合いのものを買うより自分でつくるほうが利回り1・5〜2％程度アップが見込めます。しかも自分の好きなものを建てられます。

例えば、ホームズやSUUMOなどに掲載されている売地を見つけ、問い合わせして、不動産会社から仲介で購入し、そこにアパートを建てるわけです。実際、川崎でも9％くらいの利回りで回っています。

具体的には、戸建て用地としては少し大きすぎる、収益用地としてはアパート業者も中途半端すぎる、旗竿地で地型は悪い、ビジュアルの悪い土地を狙ったりします。旗竿地でビジュアルが悪くても、間取りだけしっかりすれば入居は付きます。

銀行の融資が付かないのなら、買う金額を下げる交渉をしましょう。この微妙なラインは自分なりの物差しを使って行います。実際、新築で成功している人はそれができます。

これを実現するには、知識武装しないと勝てません。

大変かもしれませんが、それくらいのことができれば、その頃には安く買えるスキルも身についているでしょうし、融資が通るような属性になっていれば、業者とうまくコミュニケーションをとって物件を買えるでしょう。

私が提案しているのは、いわば「パッケージ化されていない商品を買おう」ということです。

土地、建物、仲介手数料などのコストをバラバラにすれば、そこにも全て不動産業者が絡まってくるものの、少なくとも仲介だったら違います。

同じ不動産業者でも売主と仲介は違いますし、売主も細かくいえば1回買ってから再生して出している会社と、スルガ時代に暗躍した三為業者があります。

いずれにせよ、自社で仕入れて再生して売り出している会社もあれば、右から左へと利益を乗せて流している会社もあり、仲介なら仲介手数料だけをとる会社もあります。そこをまず知っておかなくてはなりません。

個人で利益を出すためには、「自分でつくる」しか方法はありません。

その過程で、どれだけ業者が利益を乗せているのかがわかるようになります。

例えば、業者は利回り6％でアパートを仕込んだら8％で売って、その差額の2％を利益として得るというのが通常です。そうしたことをわかって買うのと買わないのとでは意味がまったく違います。

「自分でつくる」とは、この2％の業者の利益分を自身で勉強し、節約することを意味します。ただ、すでに失敗している人でリカバーできたのなら、それくらいは簡単にできるはずです。実際、かぼちゃの馬車で失敗してリカバリーしたサラリーマン大家の中には、自分ですべて埋めた人もいます。

その人は徳政令を使ってスルガ銀行にかぼちゃの馬車を返して残債をゼロにしたので、所有時のフローはプラスになっています。追い込まれて自殺する人がいる一方、数は少ないですがこの人のように復活している人もいるのです。

地方のスルガ物件を買ってしまった人の中でも、なんとか2018年までに借り換えや売却をして立ち直った人もいます。スルガ物件を買ったから死ぬわけでも、命を取られるわけでもないですし、一生塞ぎこみながら暮らしていかなくてはならない、ということもありません。

困難な道であることは確かですが、復活は可能ですし、復活後にはきちんとした物件を購入して利益を出すこともできます。

おわりに

私はこれまで株、投資信託、金（ゴールド）、ＦＸ、ビットコインなどさまざまな投資をしてきました。しかし、そのすべてにおいて失敗を繰り返してきました。

唯一成功したのが不動産投資です。

世の中にはたくさんの投資と呼ばれるものがありますが、自分の努力で収益性を上げることができる投資は不動産投資だけです。

例えば、家賃を上げて入居者に満足してもらえれば、長く借りてもらうことができ、自身の収益アップにもつながります。

また、銀行と交渉して少しでも低い金利で調達し、０・１％でも下げることができれば収益性も改善します。そうした一つひとつの積み重ねが大きな結果を生むのです。

たとえ同じ物件でも、運用するオーナーが変われば結果が大きく変わるのが不動産投資なのです。

これは同じ材料、同じ鍋、同じ包丁を使っても、料理人の腕によって出来上がりが全く違うのと同じです。不動産投資も個別要素が大きく、売却一つとっても、ある人から見ればお宝物件ですし、ある人から見れば価値ゼロの物件となります。

スルガ銀行の融資も、過去にあれだけ審査期間が短く積極的に融資をした金融機関はそうありません。

その結果、騙されて失敗した人もいれば、のし上がった人もいるわけです。

「毒薬変じて薬となる」ということわざがありますが、まさにこの通りで、「同じ物でも、使い方によっては、毒にも薬にもなる」のです。

買うときは運や時流も関係してきますが、運営面では博打要素は少なく、普通に努力をすれば、きちんとした結果（金銭的リターン）として返ってきます。

ただ無闇やたらに動けばいいわけではなく、「家賃が１０００円上がった」「コストを１０００円下げられた」という結果を求めなくてはなりません。たとえ家賃が月１０００円上がっても、ある程度の規模であれば利回り換算したら大きく違います。そうした小さな積み重ねは決して難しくはありません。

不動産投資は、借金に対する参入障壁は高いものの、小学生でもわかるくらいシンプルなビジネスです。

ですから「難しい」と簡単に諦めるのではなく、ぜひ改善のための一歩を踏み出してほしいと思います。そのために私が協力できることがあれば、ぜひお声がけください。

たった今、まったく利益がなくても、収支がマイナスであっても改善できる道はあります。明けない夜はない――この言葉の語源は、シェイクスピアと言われています。朝は必ず夜になり、夜は必ず朝を迎え、日はまた必ず昇るのです。

２０２１年９月吉日　細田法人

■ 細田 法人（ほそだ のりと）

株式会社リテラス　代表取締役。

宅地建物取引士、賃貸不動産経営管理士。

1983年生まれ。


調理師学校を卒業しフレンチレストランに勤務した後、不動産業界に転職するという異色の経歴を持つ。

業界では新築マンションの販売営業から始まり、仲介、管理、仕入れまで幅広く従事。

その後、首都圏1棟投資用不動産に特化した独自の目線で実績を積み、外資系企業の役員から、開業医、法人の代表者、公務員まで幅広くコンサルティングを担当し投資成績に貢献。


2018年3月に株式会社リテラスを設立し、「安く買って、高く貸して、高く売る」の３つを主軸とした効率重視の不動産投資を多数提案している。

特に賃貸管理ではスルガスキームで収支が赤字の物件を積極的に受け入れて最小限のコストで入居率の向上や家賃の値上げなど攻めの姿勢が評価を受け、投資家の賃貸管理の改善を提案。


自身も7棟110部屋の借家を所有し不動産投資家としても活躍中。

苦しんでいるサラリーマン投資家必読
不動産投資リカバリーの実戦的方法

2021年11月6日　初版発行
著　者　　細田法人
発行人　　大西強司
編　集　　とりい書房
執筆協力　布施ゆき
デザイン　野川育美
印　刷　　音羽印刷株式会社

発行元　　とりい書房
〒164-0013　東京都中野区弥生町 2-13-9
TEL 03-5351-5990　FAX 03-5351-5991

乱丁・落丁本等がありましたらお取り替えいたします。

ISBN978-4-86334-131-9